JN438491

그리움에 색깔이 있다면

현대수필가100인선Ⅱ · 78

그리움에 색깔이 있다면

吳敬子 수필선

수필과비평사 · 좋은수필사

■책머리에

수필은 누구나 부담 없이 읽고, 마음만 먹으면 직접 쓸 수도 있는 가장 친근한 문학이다. 다른 영역의 문학이 영상매체에 밀려 신음하고 있는 중에도 수필 인구만은 날로 증가하여 바야흐로 수필 전성시대를 구가하고 있는 이유도 거기에 있을 것이다.

시대적 추세에 힘입어 수많은 수필전문지, 수필동인지가 창간되고, 이에 비례하여 신진 수필가도 날로 늘어나다 보니 이제는 그 많은 작가, 그 많은 작품 중에서 문학성 높은 작품을 가려 읽는 일이 쉽지 않게 되었다. 이런 현상은 작가에게나 독자에게나 결코 바람직한 일이 아니다. 더 나아가서는 수필을 연구하는 후세들에게도 큰 부담이 될 것이다.

이런 문제를 해결하는 데는 출판인도 마땅히 한몫을 감당해야 한다는 평소의 소신에 따라, 본사가 기꺼이 그 역할을 맡기로 했다. 그 첫 번째 사업으로 시대를 대표할 만한 수필가 100인을 선정하고, 작가가 자선한 40편 내외의 작품을 수록한 문고본을 발간하여 이를 널리 보급함으로써 그 소임을 다하고자 한다.

본사는 사명감을 가지고 이 사업을 추진해 나가기로 했다. 작가 선정을 전담할 편집위원회를 구성하고 전권을 위임하여 일체의 사적인 정실이나 청탁을 배제함으로써 전문성과 공정성을 확보해 나갈 것이다.

따라서 이 기획물 속에는 작가의 문학정신뿐만 아니라, 본사의 문학사적 기여 의지와 편집위원 제위의 수필문학에 대한 애정과 문인으로서의 양심이 함께 담겨 있음을 자부한다. 다만, 작가를 선정하는 기준에는 많은 견해의 차이가 있을 수 있고, 선정 과정에서도 미처 챙기지 못한 부분이 있을 것이라는 사실만은 인정하지 않을 수 없다. 이 점에 대해서는 관계자 여러분의 양해 있으시기 바란다.

이 시리즈의 발간 순서는 작가, 또는 본사의 사정에 의한 것일 뿐 그 밖의 어떤 기준도 적용하지 않았음을 밝힌다.

본 기획물이 시대를 초월한 많은 수필 애호가들의 관심과 애정 속에 우리나라 수필문학 발전에 한 이정표가 되기를 바랄 뿐이다.

본사에서는 이상과 같은 취지로 ≪현대수필가 100인선≫ 전 100권을 완간하여 큰 반향을 불러일으킨 바 있다.

그러나 우리 수필문단의 규모나 수필문학의 수준에 비추어 선정 작가를 100인으로 한정하는 것은 형평성이나 효율성 면에서 크게 부족하다는 의견이 많았고, 본사 또한 이를 통감하던 터라 기꺼이 ≪현대수필가 100인선Ⅱ≫를 발간하기로 했다.

본사의 충정에 찬동하여 출판에 응해주신 저자 여러분에게 진심으로 감사한다.

2014년 9월 일

수필과비평사 · 좋은수필사 발행인 서 정 환
현대수필가 100인선 간행 편집위원 박 재 식 최 병 호
정 진 권 강 호 형
오 세 윤

| 차례 |

현 대 수 필 가 1 0 0 인 선 II · 78

1_부

2_부

3_부

4_부

1부

돌아간다

가까운 길을 두고 먼 길로 둘러 갈 때 돌아간다고 한다. 갔던 길을 되돌아올 때도 그렇게 말한다. 목적한 일을 다 마치고 집으로 갈 때도 돌아간다고 한다. 인생을 하나의 긴 여행길로 보았기에 우리는 죽음을 돌아간다고 말하는가 보다. 일을 끝내고 돌아갈 때 왔던 길을 그대로 되짚어 가기도 하고 다른 길로 가기도 한다. 걸어왔던 길을 차를 타고 돌아갈 수도 있다. 사람의 가는 길도 그와 같다는 생각이 든다.

늙으면 애가 된다는 옛말을 들으면서 나이가 들면 어린아이처럼 생각이 단순해져서 노여움도 잘 타고 그렇다는 이야기인 줄만 알았다. 늙어보지 못했을 때 그 정도의 생각밖에 못하는 일이 오히려 당연한 것인지도 모른다. 아직 늙는 일을 경험으로 말할 수 있을 만큼은 못 늙었으니 무어라 말하기는 어려우나 노모를 지켜보면서 사람이 늙으면, 아니 늙는다는 일이 아이로 돌아가는 일임을 절감하게 되었다. 오던 길을 그대로 되짚어서 귀가하고 있는 것이다. 좀 일찍 세상을 뜨는 사람은 차를 타거나 다른 길로 가는 경우이겠고, 장수기간이 길면 길수록 철저하게 오던 길을 착실히 되짚어 가고 있는 것이다.

시어머니가 천천히 걸어 나오신다. 화장실부터 다녀나올 것을 아무리 권해도 막무가내로 소파에 앉는다. 목욕을 시켜서 기저귀팬티를 갈아입힌다. 자신의 처지를 아는 건지 모르는 건지 손 하나 까딱 안 하고 아이처럼 목욕에 응할 뿐이다. 식탁에 앉아 아침을 잡숫고 방으로 안내하면 순순히 따라 들어가지만 이제 그만 들어가시라고 말로만 하면 아무 반응 없이 그대로 붙박인 듯 앉아있다.

귀가 어두워서 못 들을 수도 있겠다고 생각해 보지만 그래서만은 아닌 것 같다. 내가 왜 들어가야 한단 말이냐, 내 마음이지 네 마음이냐 하는 것 같기도 하고 아무 생각 없이 그냥 앉아 있을 뿐인 것 같기도 하다. 겨우 방에 들어가서도 금세 도로 나와 식탁에 앉는다. 진지 잡수셨지 않느냐고 달래듯 말하면 고개를 젓기도 하고 어느 때는 언제 먹었냐고 묻기도 한다. 더러는 그래 안다고 끄덕이기도 한다. 아직은 식탐 많은 아이처럼 음식을 자꾸만 잡수려고 하지는 않으니 다행이다.

아이는 자라면서 대소변을 가려가기 시작하고 처음에는 의사표시만 하고 도움을 받다가 스스로 해결하는 발전을 보인다.

노인은 거꾸로 그 과정을 밟아간다. 요즘은 그 문제 하나 때문에 노인전문시설에 맡겨지는 노인이 늘고 있다. 자식의 기저귀를 기꺼이 갈아 길렀건만 그들은 그 일을 돈을 주고 맡기는 세상이 되었다. 시모님은 아직 심하지 않아서 그냥 기저귀팬티를 갈아 입혀 드리고 거의 매일 목욕을 시켜드리는 정도로 우리가 모시고 있다. 대소변 문제가 지금은 약 두 살배기 수준으로 퇴화되어 있는 것 같다. 더 어린아이로 퇴화되어 버리면 어떻게 대처할지 우리 자신도 모른다.

사람을 알아보는 정도는 옛사람은 모두 기억하고 최근 사람은 모르니 이 부분은 딱 몇 살로 돌아갔다고 단정하기 힘들다. 여덟 살짜리 증손자는 아는데 네 살짜리 증손녀는 볼 때마다 누구냐고 묻는다. 거의 매일 보아도 마찬가지다. 아침이면 어김없이 우리 방문을 열어본다. 아이가 그러면 이렇게 찾아올 줄도 안다고 기특해할 터이지만 잠을 깨워 놓았다는 짜증이 밀고 올라올 뿐이다.

물고기가 배고프겠다며 고기밥을 주는 네 살배기 손녀를 보면서 새삼스레 지금 그 어른의 아이되기가 어디까지 진행되었나 고개가 갸웃거려진다.

종일 아이를 보아 주면서 점심에 간식에 다 먹이고 난 직후에 아이가 고기밥을 찾아 먹이고 있으니 놀랄 수밖에 없다. 아직 세 돌도 채 안 되었는데 저 먹을 것 다 먹고 나니까 고기가 배고프겠다는 생각이 들었나 보다. 신통하기도 하고 신기하기도 해서 하는 양을 지켜보았다. 고기밥을 찾아들고 조그만 어항 앞으로 가더니 "배고팠지, 배고팠지." 하면서 아주 조금씩 고기밥을 뿌려주고 있다. 지금 저 행동에 시모님을 대입시키면 세 살보다 훨씬 어린나이로 퇴화되어 있는 셈이다.

식탁 위의 프리지어가 희한하게 마른 꽃이 되어가고 있다. 분명 아직도 물속에 꽂혀있건만 꽃잎의 바깥 부분만 마르고 그대로 물기를 머금은 듯 보인다. 만져보니 아주 종이꽃처럼 말라있는 것이 아닌가? 지금 어머님의 상태가 바로 저 꽃 같은 것은 아닌지 모르겠다. 마음이 바스락거리는 것 같다.

죽음을 돌아간다고 생각했던 우리 조상들의 의식세계는 꽤 멋지고 낭만적이다. 자연의 순리대로 모든 것을 내맡기고 물 흐르듯 몸을 맡긴 생사관이다. 아주 천천히 오던 길을 되짚어서 돌아가고 있는 어머님의 미로학습이 언제쯤 끝이 날지 알 수 없다. 그때를 정하는 일이 인간의 소관이 아니니 하늘에 맡긴다고 초연해 하는 마음은 머리의 몫이고 언제쯤 별로 즐겁지 않은 노인의 아이 되기 관전을 마치게 될지가 궁금해지는 것은 가슴의 몫이다.

누구나 멋지게 돌아가고 싶어 한다. 택시를 타고 돌아가고 싶어도 자신에게 선택권이 없다. 날마다 고운 저녁노을이 하늘을 물들이지는 않는다. 고운 황혼이 내 것이 되기를 원하지만 그 또한 알 수 없는 일이다. 치매, 분명히 멀리 돌아가는 길인 듯싶다. 나는 택시를 타고 싶다. 그런 행운의 반열에 들고 싶다. 그나저나 지금 어느 모퉁이쯤을 돌아가고 있는 중일까?

(2006. 5.)

정비례의 행운

"고진은 길고 감래는 짧더라구, 나도 안다구요." 고진감래苦盡甘來 7살짜리 손자의 말이다. 아이를 보고 있는데 급한 연락이 와서 서류를 전해 주러 가는데 길이 막혔다. 차 안에서 지루한 시간을 보내게 되자 아이는 견디기 힘들어 했다. 어디를 데리고 가는데 이렇게 오래 걸리느냐, 언제 내리느냐 해가며 아이는 몸을 비비 꼬기 시작했다. 미안하다, 조금만 참아라, 도착하면 내려서 맛있는 것도 사주고 문구점에서 네가 원하는 학용품도 다 사 주겠다고 달랬다. 이때 조금도 반가워하는 기색이 없이 아이가 한 말이다. 언제 네가 그런 경험을 다 했냐고 물었다. 얼마 전에 에버랜드에 갔을 때 다 겪었노라며 자기는 지금 내렸으면 좋겠다는 것이다.

어린이이가 너무도 정확하게 딱 들어맞는 말을 하는지라 무어라 대답할 말이 없다. 새벽부터 이끌려 나섰다가 막히는 길에서 시간을 다 보내고 겨우 놀이동산에 들어갔지만 줄이 길어 놀이기구는 두어 개밖에 못 타고 만 기억을 아이는 잊을 수 없는 것이다. 게다가 아쉽게 놀이기구를 놓아둔 채 돌아오는 버스에서 또 지루한 여행을 하였으니 고진苦盡만 길고 감래甘來는 짧을 수밖에. 할미가 아이에게 신용을 잃은 적은 없건만 나중을 위해서 현재를 희생하는 일이 무의미하다고 꼬마 철학자(?)는 간파해버린 셈이다.

고생을 원해서 하는 사람은 없을 것이다. 고생은 그 뒤에 찾아 올 편안함을 위해 꼭 거쳐야만 되는 필수 경로인 양 생각하며 우리는 감수해 왔다. 고생 끝에 낙이 온다고 굳게 믿었던 것이다. 옛사람들은 고진감래苦盡甘來라는 4글자로 이 교훈을 가슴에 새기게 했다. 뜻글자를 가진 중국 사람들은 4개의 글자로 의미를 전달하는 방법을 많이 써왔다. 그 함축미 때문에 우리는 고개를 끄덕이며 그 말들을 인용해 온 것도 사실이다. 한글전용세대가 너무 불편함을 절감해서인지 그들의 자식들인 요즘 어린이들에게 난데없는 한자교육 바람이 불어 왔다. 만화천자문이라는 것이 나와서 책으로, 카드로 아이들을 사로잡고 있다. 그 또한 좋은 일이다. 한자 잇기 놀이를 하자고 조르는 손자에게 시험을 치르는 기분으로 응대하다가 한자 책을 다시 집어 들고 공부를 시작했다. 아는 글자를 이어 가는데 막을 방 했더니 막을 막 하는데 정신이 번쩍 들었다. 손자의 자랑이 하고 싶어서 만이 아니라 공부 않고 놀던 자신의 부끄러움의 솔직한 고백이다.

나이 60이 넘어서야 손자 덕에 천자문을 들고 앉아서 아~ 이 말이 천자문에 있었네. 해 가면서 무슨 큰 발견이라도 한 양 감탄하고 있는 꼴이 우스꽝스럽기 그지없다. 딸아이가 넘겨다보면서 웬 천자문 하더니 이제 무얼 또 시작을 하느냐며 그 귀찮은 짓을 뭣 때문에 할까보냐고 어이없어 한다. 늘그막에 동네 아이들이라도 가르칠 수 있으면 좋은 봉사 아니겠냐는 내 말에 그 애들이 엄마를 가르치고도 남겠다고 응수한다. 이제 나이 생각을 하고 분수를 좀 지키면 좋겠다는 말이 딸의 입가를 맴돌고 있다. 그래 저만 때는 나도 저보다 더한 생각을 했으니 할 수 없지, 제가 늙어 보기 전에는 아무도 모른다. 전혀 늙었다는 생각이 들지 않는, 이 용솟음치는 정열을 너희들은 모른다. 혼자 속으로 읊어대며 천자문을 들여다본다. 독학이라 방법이 틀려서 그런지는 몰라도 한곳을 다시 봐도 안 본 것 같기도 하고 제자리걸음을 하고 있다.

나야말로 이 공부를 해 가지고 무슨 영화를 보겠는가? 다 끝도 못 맺고 길을 떠날지도 모를 일이니 그야말로 고진은 길고 감래는 짧은 것은 아닐지 모르겠다. 사람의 삶은 참 천층만층이고 각양각색이다. 고생만 하다 죽는 사람도 있고 호강만 하나 죽는 사람도 있을 수 있다. 잘나가다가도 늘그막에 아픔을 겪는 사람도 있다. 친지 중에 정말 부러움을 한 몸에 받던 사람이 있었다. 유복 하고 좋은 집안에 태어나 출세가도를 달리는 아버지 덕에 호강하고 자라서 남편 또한 승승장구하여 복 많은 마님으로 살았다. 고진은 없어도 감래만 있는 경우가 아닌가? 잘 달리던 태양이 황혼 바로 문턱에서 먹구름에 살짝 가렸다. 자식이 이혼을 하고 손자만 안겨 주었다. 이래서 어른들은 가슴에 뗏장 얹기 전에는 아무도 큰소리칠 수 없는 것이 인생이라 했나 보다.

우리 집에 와서 일을 도와주며 자라서 어머니가 시집을 보내 준 언니가 있었다. 좋은 남편을 만나 첫딸을 낳고 행복하게 살기를 채 1년도 못 했을 때 6 · 25전쟁이 났다. 남편은 북으로 끌려가고 홀로 남은 그에게서 몇 달 후 딸아이마저 거두어 가고 말았다. 생과부로 10년을 살다가 개가를 했다. 나이 차이가 많지만 경제적 안정이 더 중요한 것 아니냐던 어머니의 배려는 빗나갔다. 재산은 모두 전실 자식들의 것이고 새 남편은 빈털털이 노인이었다. 그 언니는 노인네의 뒤치다꺼리만 떠맡게 된 것이다. 생활비는 전실 자식들이 조금씩 보태 주었지만 항상 모자랐다. 아이가 태어나자 그 아이들의 교육을 위해서 다시 일터에 나가 허리가 휘도록 일을 해야만 했다. 70이 넘어서야 아들 밥을 겨우 먹게 되었지만 높은 공부 못 시켜서 항상 죄인처럼 아들 눈치만 살피게 된다는 그 언니는 정말 고진은 길고 감래는 짧은 것인가? 아니 아예 없는 것인가?

공부를 열심히 한다고 다 목표를 이루고 고진감래의 쾌재를 부르는 것은 아니다. 공부를, 할 일을 열심히 했을 때 결과가 언제나 정직하게 나와 주지는 않는다. 하지만 그 노력을 안 했을 때의 결과는 아직 정직하게 나타났기에 그래도 살맛이 나는 것이다. 노력 없이는 씨 뿌림 없이는 절대 열매를 거둘 수 없다, 이것까지 알기에는 우리 손자는 아직 어리다. 지금 벌써 그것을 다 알아버리면 그 긴 인생을 무슨 재미로 살아가랴. 그래도 열심히 숙제하고 공부하는 것을 보고 있노라면 저 아이가 그것도 조금은 아는 것 같아 신통하고 흐뭇하다.

고진이 긴 사람, 감래가 긴 사람, 아예 고진과는 인연이 없는 사람, 감래는 비켜가기만 하는 사람, 우리 눈으로 보기에는 그렇게 편 가르기가 되는 것 같은 세상이다. 하지만 길게 보면 그것은 이상하리만큼 공평하게 찾아오는지도 모른다. 그래서 오늘도 비지땀을 흘리며 열심히 걸어간다.

너무 일찍 비밀을 알아버린 손자가 고진이 길면 감래도 길다는 정비례의 법칙을 실감하며 사는 행운아가 되기를 빌어본다. 아니 그 아이가 좋다는 고진 단, 감래 장苦盡短, 甘來長의 보너스까지 받게 되기를 바라는 어리석은 할미는 아닌지 모르겠다. (2006. 1.)

가을 달

달이 밝다. 무심히 옥상에 널어놓은 시래기를 거둬들이다 만난 가을 달은 슬프다. 다시 올려다본다. 만월인 걸 보니 오늘이 10월 보름인가보다. 어머니의 백 살 생신을 세고 있던 중이라 감이 빨리 잡힌다. 내려와 달력을 보니 보름날이 맞다. 어느새 이렇게 되었나 싶어 가슴에 묻힌 음력 10월 스무사흘을 세어본다. 여드레 남았다. 2012년 12월 6일 양력으로 그날이 음력 10월 스무사흘, 바로 가엾은 어머니의 백세 생일이다. 만으로는 내년이 백세이겠지만 탄생 1백 년이라는 거창한 이름을 붙여 드러내 놓고 생일잔치를 하기에는 어머니가 세상을 위해 공적으로 해 놓은 일이 없다. 부농의 딸로 태어나 고등교육도 받은 신여성으로 그저 한 남자의 아내가 되어 딸 하나를 낳아 기르다 6 · 25 전쟁 중에 남편을 어이없게 공산당 손에 뺏겨 생사를 모른 채 19년을 북쪽 하늘바라기만 하다가 한 많은 생을 쉰여섯에 마감하고 이승을 떠난 한 여인일 뿐인 것이다.

일점혈육 딸 하나가 그때 어머니보다 15년을 더 살고 홀몸이 되었다. 생전에 못 본 사위를 백 살 생일 때라도 만나게 해 주고 싶었던 딸의 한 가닥 꿈마저 접어버린 지 어느새 두 해가 되었다. 남편의 대상을 앞두고 어머니의 백 살 생일을 맞는 가슴이 온전할 리 없다. 우리 선조들은 99세 생일을 백수白壽라 해서 크게 경축하였다. 9라는 완전수가 둘이나 합하니 경사로 쳤겠지만 그 단명하던 시대에 행여 한 해를 더 못 넘길까봐서 서둘러 축하 잔치를 벌인 지혜일 수도 있다. 어찌됐거나 산 사람들의 얘기다. 돌아간 분들에게는 그런 호사를 누릴 권리가 없다. 다만 못난 딸의 가슴에 응어리가 되어 버티고 있는 것은 어머니를 위해 할 수 있는 일이 아무것도 없기 때문일지도 모른다. 생전에 어머니께 효도를 못 했듯이 가시고 난 후에도 여전히 어머니의 꿈을 이뤄드리는 딸이 되지 못했다. 딸은 지극히 평범한 수준에 머물러 있어 어머니의 소원, 크게 성취하는 여성이 끝내 되어 드리지 못하고 이제 여생을 생각하는 노년에 접어들어 버렸다. 그나마 세상길을 둘이 함께 걸어가고 있다는 것이 어머니를 흐뭇하게 하리라는 생각으로 가슴을 좀 펼 수 있었는데 이제 그나마 옛 얘기가 돼버렸다.

좀 더 큰 소리가 듣기 편하고 눈에서는 날파리가 계속 날아니가는 비문증에 시달리는가 하면 사냥개 코의 별명도 내려놓아야 할 만큼 후각도 둔해져서 옆에 놓은 찌개를 태우기도 다반사가 되었다. 이제 어머니의 꿈을 대신 이루어 드릴 일을 하기에는 남은 시간이 너무 짧다. 대단한 내 딸이라는 숙제는 포기하고 학교 다니는 동안 아무개의 어머니로 뽐낸 것으로 대신 하시라고 부탁드릴 수밖에 없을 것 같다. 그 다음 숙제는 너무 커서 도저히 이제 이루어 드릴 수 없는 것이 현실이다. 어머니가 하고 싶었던 일은 육영사업이었다. 딸은 어린 시절 그 꿈을 꼭 이루어 드릴 수 있으리라고 확신했다. 이제 석양에 서서 아직도 그 꿈을 버리지 못한다면 그것은 허영이 되지 않을까? 속만 탄다.

가족들을 불러 모아 밥을 같이 먹으면서 어머니를 추모할까? 친구들을 초대해서 어머니의 생일을 홀로 즐길까? 이 궁리 저 궁리 해보지만 다 마음에 들지 않는다. 어머니와 아버지는 이미 당신들의 꿈을 다 접고 지금의 후손들을 보면서 그것으로 흡족해하고 계실지도 모를 일인 것을 공연히 청승을 떨고 있는 것은 아닐는지. 현재에 충실하고 즐기면서 건강하게 잘 살라는 일념의 기도만 하고 계실 텐데 공연히 자격지심에 괴로워하고 있는지도 모른다는 생각에 애써 마음을 달래본다.

선배에게서 전화가 왔다. 이번 송년행사에 장학금 모금이 있는데 한 구좌를 담당하라는 엄명이다. 제가 그럴 형편이 안 되는 줄 알면서 그러시느냐니까 언젠가 한번은 하고 지나가야 할 것 아니냐며 강경한 입장을 누그러뜨리지 않는다. 순간 어머니가 떠올라 승낙을 했다. 심봉사 회주 책 쓴 기분이지만 절묘한 선택이었다는 생각을 하면서 어머니 사진을 본다. 환하게 웃고 있는 얼굴 위로 아버지가 겹쳐지며 머리를 쓰다듬고 안아 주신다. 창밖의 달을 본다. 여전히 슬픈 얼굴이다. 어머니 아버지 애꿎은 달을 보며 목놓아 불러본다. 목울대가 저려온다. 언제나 돼야 이 이름을 부를 때 태연할 수 있을까? 늦가을 푸른 달빛이 방안으로 흥건히 고여온다.

(2013. 12.)

그곳에 갈 수 없는 것은

바람만 스쳐도 아프다는 통풍처럼 건드리기만 하면 바로 어제 베인 것 같이 쓰리고 아프다. 핑계가 없어서 울음을 삼키고 있는 아이마냥 빌미만 있으면 눈물샘은 자동으로 열리고 닫힐 줄을 모른다. 오늘도 그 앞을 지나가면서 한 발짝도 들여놓지 못하고 지나친다. 높은 담장을 헐어내고 공원으로 조성해서 주민들의 사랑을 받고 있는 독립공원 앞이다.

은평구로 시집 와서 거기서만 살았으니 이 앞을 지나다니는 동안 강산은 네 번이나 바뀌었다. 붉은 벽돌담에서 회색으로 색깔은 달라졌지만 그동안 내내 높은 담이 세상과 그곳을 갈라놓고 있기는 마찬가지였다. 그때도 이 앞을 지나려면 마음이 편치는 않았지만 매일 출근을 하다 보니 좀 면역이 생겨서 견딜 만했다. 그러다 지하철이 생기면서부터 땅 위로 다니는 일이 줄어들면서 이래저래 심상해져 갔다.

1950년 9월 하순 어느 날이었을 것이다. 그 일이 있고 며칠 안 되어 9 · 28 수복이 되었던 것으로 기억하니까. 웬 낯선 아저씨가 우리 집에 찾아와서 아버지를 찾았다. 아버지를 내무서원이 체포해 가고 나서 우리를 집에서 쫓아내 아주 손바닥만 한 집에다 처박아 놓았을 때였다. 어머니는 잔뜩 겁먹은 얼굴로 그 어른을 왜 찾으며 누구냐고 묻고는 그 어른은… 하면서 말을 더듬었다. 아마 우리한테 무슨 해를 끼치려고 아버지를 찾나 싶어서 그랬던 것 같다. 얼른 상황을 알아챈 그 아저씨는 아무 걱정하시지 말고 아무개가 왔노라고 말씀드리면 잘 아실 것이라고 했다. 자신은 아버지와 서대문 형무소에서 한방에 있었는데 아버지는 며칠 전에 불려 나가서 돌아오지 않기에 출감되신 줄 알았다는 설명이었다. 자기는 어제 풀려 나와서 오늘 곧바로 오 선생님을 뵈려고 달려왔노라고 했다. 이것이 내 생애 처음으로 들은 서대문 형무소라는 낱말이었고 아버지와 관련된 마지막 한마디가 되고 말았다.

지금도 그날의 장면이 선명한 사진으로 망막에 박혀 있다. 지금 이 글을 쓰면서도 자꾸 눈이 흐려져 몇 번이나 쉬고 또 쉬면서 쓰고 있는지 모른다. 아주 민망한 표정으로 어머니를 차마 마주 바라보지 못하며 돌아서던 그 아저씨의 구부정한 모습이 눈에 선하다.

피난지에서 서울로 다시 돌아온 후 어머니는 내게 영천 쪽으로 가지 말라고 했다. 문산 쪽에서 미군 트럭이 자주 다닐 것이라 위험하다는 것이 이유였다. 무슨 일을 하지 않으려 하면 오히려 그렇게 되고 만다더니 어머니의 딸은 무악재 너머로 아예 시집을 왔다. 어디 그뿐인가? 반세기가 돼가도록 그곳을 못 떠나고 터를 잡고 앉았다. 그러는 동안 서대문 형무소는 서울 교도소로 이름이 바뀌고 얼마 후에는 구치소가 되더니 도심에 없어야 좋은 시설이라고 안양으로 옮겨갔다. 그 공간을 어떻게 시민을 위한 시설로 활용할 것인가를 연구 검토한 끝에 역사성을 살려 독립공원으로 조성해서 오늘에 이르렀다. 일제 강점기 때 우리의 독립투사들이 억울하게 옥살이를 하고 목숨을 잃은 원한 맺힌 역사의 현장이라는 것이 독립공원으로 조성된 까닭이다. 유난히 호기심이 많아 역사의 흔적들을 찾아다니기 좋아하는 내가 옛 건물들을 보존하고 있고 사형장 등도 공개되고 있다는데 그곳에 한 발자국도 걸음을 떼지 못하는 것은 아버지의 서러운 흔적이 거기 있어서이다.

이름 불려 나갔다는 아버지는 집에 돌아오지 못했으니 혹시 그 안 어딘가에서 학살을 당한 것은 아닌지, 혹은 목숨을 부지하고 북으로 끌려갔다 한들 그 안에서 겪었을 모진 고초가 떠올라 몸을 가누기 힘들 것 같아서이다. 그 안을 거닐며 유관순도 만나고 싶고 만해도 만나고 싶다. 춘원도 만나고 싶고 이름이 기억나지 않는 수많은 독립투사들을 만나 오늘이 있게 해준 은혜에 감사하다는 인사도 올리고 싶다. 하지만 오늘도 내

발은 그곳을 지나며 애써 차도 쪽으로만 비켜가고 있다. 어머니의 모시 적삼이 서럽고 아버지의 포승에 묶인 무시 고이저산이 애달파 목울대가 뜨거워 온다.

6·25가 환갑을 넘겼지만 그날의 아픈 상처는 어제인 양 아직도 서슬 퍼렇게 아리다. 코흘리개 소녀가 칠순을 지났건만 가슴속 분노는 늙을 줄을 모른다. 고사포 터지는 소리에 놀라 떠는 어린 딸을 가슴에 품고 꼬옥 안아주며 놀라지 말라고 소곤대던 그 아버지의 음성을 한번만 더 들어봤으면 지금 죽어도 여한이 없겠다. 그 가슴이 사무치게 그리워 오늘도 그 앞을 비켜 지나갈 수밖에 없다. 걸음은 자꾸 게걸음이 되어가고 있다. 흘낏 돌린 시야에 하나 가득 들어온 것은 싱그러운 녹음이다. 그 안에서 설움을 먹어서 잎새는 더 푸르른가 보다.

(2012. 6.)

지금 잠이 옵니까?

아니 지금 잠이 오느냐는 소리에 눈을 떴다. 빈대떡 접시와 막걸리 사발이 눈에 들어온다. 잠깐 눈을 붙였던 모양이다. 앞자리의 김 교수가 이때 잠을 잘 수 있다니 참 대단한 분이라며 절반은 어이없다는 표정으로 건너다본다. 칭찬인지 놀림인지 듣기 나름이겠지만 이내 진지한 표정으로 다시 되뇌이는 어투와 표정으로 보아 놀리는 것은 아니고 정말 놀란 모양이다. 평소 내 느긋함을 익히 아는 강 회장이 그런 양반이라며 빙긋이 웃는다. 좌중은 이내 웃음판이 되고 나는 갑자기 불가사의한 사람이 되는 상황으로 변했다.

2011년 1월 문협 선거 개표가 있던 날 대학로의 지하 카페의 풍경 한 토막이다. 수필 분과회장에 입후보한 당사자인 내가 숨가쁘게 개표가 진행되는 동안 다른 후보들은 마음 졸이며 혹시나 하는 기대로 전해오는 소식에 온 정신을 쏟고 있는 그 순간에 잠에서 깨어 눈을 뜨는 무신경에 부인 저준이 반응들이다. 그렇지 당연히 놀라고 또 놀릴 일이다. 한 표의 향방에 운명이 갈릴 판인데 그 귀추에 귀 기울이기에 여념이 없어야 할 후보 자신이 어떻게 마음 편히 잠을 잘 수가 있단 말인가? 그것도 남자도 아닌 여자가 말이다. 이건 간이 큰 것인지 제정신이 아닌 것인지 헷갈릴 정도의 일이기도 할 만하다. 진정으로 대단하다고 인정해준 김 교수의 평가에 감사한다.

선거는 생각하기에 따라서는 가장 불확실한 싸움이지만 반대로 생각할 수도 있다. 잘 분석하고 보면 선거 초장이나 중간에 그 판세를 읽을 수 있다. 후보 본인이 월등하게 선택받을 만한 인품이나 능력의 소유자이거나 줄을 잘 서거나 운이 아주 좋거나 하는 여러 가지의 요인들을 제대로 읽어내면 초장에 승패를 가늠할 수도 있다.

나라 선거의 경우는 정당이 어디냐에 따라 절반의 운명이 결정된다 해도 과언이 아니다. 선거는 또 바람이기도 하다. 황당한 일인 것 같지만 선거의 속성상 가장 당연한 일인지도 모른다. 생각해 보라, 한 사람 한 사람의 마음을 얻어 그것이 표로 나타나고 그 합계로 당락이 결정되는 것이 선거이니 그 결과를 점치기란 매우 어려운 일이다. 그래서 선거는 모든 후보자가 마지막 순간까지 반드시 자신이 당선될 것이라고 믿고 하는 싸움이다. 어찌 보면 썩 재미나는 일이다. 얼마나 역동적이고 스릴 있는 게임인가? 보이지 않는 사람의 마음을 하나씩 모아 당선이라는 고지를 점령하겠다는 의지로 선거 기간의 득표활동을 즐겨야지 고통으로 생각하면 선거는 후보에게 재앙이 된다.

최선을 다해서 자신을 팔고 유권자의 구매는 한 표로 나타난다. 그 수효를 세는 개표의 순간에 이미 당락은 결정된 후이다. 판 사람이나 산 사람이나 당사자들만 모르고 있을 뿐이다. 개표 부정만 없다면 이미 승자는 결정이 되어 있는데 당사자들만 모르니까 애를 태우며 그 결과를 기다리고 있는 상황이다.

태어나서 처음 개표상황 중계를 들은 것이 아홉 살 때이다. 꽤 조숙했다고 할지 모르나 아버지의 당락에 귀를 세우고 있었으니 특별할 것은 없다. 5 · 30 선거에 고향에서 입후보한 아버지는 압도적으로 당선되리라는 기대를 뒤엎고 차점도 놓친 3등이라는 초라한 성적표를 들고 낙선했다. 서울 집 안방에서 어른들 틈에 끼어 커다란 제니스 라디오 앞에 앉아서 밤을 새웠다.

부모님 모두 선거 격전지에 내려가 계셨으니 그날 라디오 앞에 앉은 사람들 중에서는 내가 제일 애가 타는 사람인 셈이었다. 아무리 그래도 어린것이 무슨 밤을 새워 개표방송을 들었겠나 싶어 잘 믿어지지 않을지 모르나 지금도 선거 개표 방송을 들을 때면 앞에는 제니스 라디오가 놓여 있는 것을 어찌하랴. 그 라디오는 인민군이 아버지와 함께 끌고 가 버렸지만 대학 시절에는 후보자와 아무 상관도 없으면서 내가 지지하는 후보의 당락이 궁금하여 개표소까지 달려가 통금시간이 돼서야 돌아오곤 했다. 물론 어머니와 함께. 딸의 안위가 걱정이 되어 그랬겠지만 어머니 역시 그날의 뼈아픈 기억이 오히려 추억이 되어 그럴 수밖에 없었는지도 모른다.

아버지는 선거 뒷마무리를 하다가 백일해로 고생하는 어린 딸을 위해 고향의 강에서 나는 자가사리 민물고기를 특효약이라며 차에 싣고 6월 18일에 상경하셨다. 그리고 1주일 후에 터진 6 · 25전쟁으로 서울에 갇혔다가 9월 4일 새벽 납북당했다. 이직도 개표방송을 듣노라면 하얀 모시 고의적삼 차림으로 포승에 묶여 끌려가던 아버지의 뒷모습이 어른거린다. 내게 개표는 어쩌면 허탈한 것인지도 모른다.

학창 시절 여러 번의 선거를 치르면서 반장에 대의원에 당선되면서 선거는 하면 이기는 게임이 되었다. 여고시절 학생회장에 입후보했을 때는 압도적이라는 말로는 표현이 모자랄 정도의 심한 표 쏠림 현상으로 당선되었다. 그것은 유난히 잘나서 그런 것이 아니라. 얌전한 성향의 여학생들 속에서 유별나게 말괄량이 기질이 있어서 그것이 표를 몰고 온 것 같다. 그 선거는 1300명 전교생 앞에서 한 입후보자 연설에서 이미 끝이 난 셈이라고 볼 수 있다. 문협 선거도 모르긴 하나 회원들에게 직접 소견 발표를 하고 그 자리에서 투표한다면 당선이 무난하지 않을까 하는 객쩍은 생각을 해보기도 한다. 연설로 사람의 마음을 움직이는 일에는 아직도 자신이 있다. 물론 혼자 생각이지만. 선거는 축제다. 신명나는 한판 승부이다. 물론 이번 문협 선거에서는 일신상의 사정이 생겨서 최선의 노력을 다하지 못해서 아쉬움이 남지만 그래도 간접으로 전국의 수필가들을 만나 보았으니 큰 잔치 한 번 잘했다고 생각한다. 그러니 그날 개표를 기다리면서 막걸리 한 모금 덕분에 단잠 한소끔 잘 수밖에 더 있겠는가?

빈대떡 한 조각으로 잠을 깨고 있는데 낭보가 날아왔다. 20표 차로 당선되었다는 소식이다. 모두들 박수를 치는데 정작 당사자인 나는 손사래를 치며 좌중을 진정시켰다. 아직 정식 발표가 아닌데 미리 샴페인을 터뜨리는 것은 모양새가 아니라는 생각에서였고 확정 발표가 나기 전까지는 안심할 수 없다는 막연한 느낌이었다.

이 또한 아버지의 역전패의 아픈 기억이 무의식 속에서 작용한 것이기도 하다. 만류해도 계속되는 축하 속으로 낙선이라는 비보가 전해졌다. 재검표 결과 22표를 뒤져서 당락이 바뀌었다는 전언이다. 이게 무슨 날벼락 같은 얘기냐며 어서 올라가서 알아보고 이의 제기를 하라는 말들이 쏟아져 나왔다. 물론 올라가지 않았다. 어련히 알아서 잘했겠냐며 애꿎은 빈대떡만 베어 물고 앉아 있는 몰골이 또 한번의 불가사의로 보이는 순간이었으리라. 참으로 대단한 양반이라는 김 교수의 덕담을 들으며 눈앞의 제니스 라디오에 귀를 기울이고 동지들의 승전보를 기다렸다.

12명에게만 나를 좀 잘 팔았더라면 당선의 영광은 내 것이 되었을 텐데, 그 일을 잘해낸 당선자에게 마음 한 편으로 박수를 보내며 앞에 놓인 막걸리 한 사발을 들이켠다. 술이 식어서 그런가 맛이 쓰다. 여기서 다시 한 잠 잔다면 정신과 의사를 만나러 가야 할지도 모를 일이다.

요즘 선거의 계절이다. 아니 올해는 12월 대통령 선거까지 있으니 가히 선거의 해이다. 1년 내내 선거로 소용돌이치겠지만 즐기면 된다. 진정한 축제가 되어야 따끈한 빈대떡에 막걸리 한 사발 맛이 좋을 텐데 걱정이다.

(2011. 1.)

삼식이를 아시나요

요즘 삼식이라는 말이 유행한다는 말을 듣고 얼마나 삼식이 매운탕을 즐기면 그런 별명이 붙었겠냐고 했다가 푼수 취급을 받은 적이 있다. 답인즉 하루 세끼를 집에서 꼬박꼬박 챙겨 먹는 사람이라나? 자신이 해결하는 것이 아니라 마나님이 세끼를 다 차려다 바쳐야 되는 사람의 별명이란다. 이쯤 되면 웃을 수도 울 수도 없는 심정이 된다는 것이 솔직한 고백이다. 어쩌다가 우리네 가정문화가 이 지경까지 왔단 말인가? 하기야 여자가 꼭 해 주어야만 먹을 줄 아는 남정네가 문제이기는 하지만 그래도 가족의 소중함이 너무 외면당하고 가치 없이 여겨지는 것 같아 마음이 편치 않다.

집에서 밥 세끼 차려 달라고 하다가는 쫓겨나기 십상이라는 남편들의 넉살을 들으면서 과연 여성의 자리가 가정에서 이 정도에 와 있단 말인가 싶은 의구심이 고개를 든다. 옛날에 비해 눈곱만큼 나아진 여성의 인간 회복을 놓고 너무 호들갑을 떨고 있는 것 같다. 이사 갈 때 60대 남편은 자기를 안 데리고 갈까 봐 이삿짐 차 조수석에 일찌감치 앉아 있어서 그것을 모르는 가족들이 찾느라고 법석이라는 우스개가 나온 지는 한 20여 년 전 일인가보다. 그러더니 요즘은 아예 이사 얘기만 나오면 수첩과 볼펜을 찾아들고 눈치를 살피며 숨을 죽이고 앉아 있다는 내용으로 바뀌었다. 떼어 놓고 가면 주소를 알아야 찾아갈 테니 미리 준비한다는 얘기다.

아직도 한 오백 년 남성들 지위가 끄떡없을 정도로 모든 분야에서 기득권을 누리고 있으면서 아주 조금 발전한 여성의 형편을 놓고 이렇게 야단이다. 얼핏 들으면 여성이 가정에서의 지위가 꽤 높아진 것 같아 보이지만 실은 남성들의 비아냥 소리가 엉뚱하게 포장되어 여론을 호도하고 있을 뿐이다. 노숙자에게 집을 나온 이유를 물었더니 아침 차려 달랬다가 아내에게 쫓겨났노라, 간식 좀 달랬다가 그리되었다, 등등이고 그 이유들이 연령대별도 다르다는 것이다. 젊을수록 아주 당연한 요구를 했다가 봉변을 당했다는 얘기들이다. 이런 풍자들을 듣고 이제 역할을 좀 분담해 주어야겠다는 건설적인 생각이 드는 것이 아니라 여자들이 참 거세지고 막돼 간다는 생각들만 팽배해 있으니 가정만 병들게 만드는 역기능만이 난무할 뿐이다.

수명이 길어지고 핵가족화가 심해져서 거의 모든 노인들이 자신들의 문제를 손수 해결해야만 하는 것이 우리네 형편이다. 70이 넘은 아내들이 여자라는 이유 하나 때문에 혼자 부엌에서 헤어나지 못하고 남편의 세끼 식사 수발을 들어야 하는 일은 사실 엄청난 분량의 일이다. 그런데도 우리네 남편들은 아직 식사를 함께 준비해서 먹는 일에 익숙하지 못하다. 아니 전혀 생소한 얘기로만 들릴 뿐이다. 세끼를 집에서 먹을 수밖에 없는 것은 그들의 호주머니가 가볍기 때문이다. 일자리는 고사하고 소일거리조차 아예 꿈같은 일이고 보면 삼식이가 등장할 수밖에 없는 일이다.

중년에 남편을 먼저 보낸 친구들이 혼자 밥 먹는 일이 제일 고역이었다며 말끝을 흐리던 생각이 난다. 함께 밥을 먹을 반려가 있다는 것이 얼마나 소중한 일인지, 감사한 일인지 알지 못하고 하루 세끼 밥 차리기가 귀찮기만 한 것은 우리가 보통 사람들이기 때문이다. 없어지기 전에는 그 소중함을 모른다. 밖에서 모임이 있어서 회식을 하고 들어간 날 남편이 집에 있으면 무슨 죄라도 지은 사람처럼 옷도 벗지 못하고 외출복 차림으로 허겁지겁 저녁을 차리노라면 속에서 신세 한탄이 저절로 나오기 마련이다. 그럴 때 시어머님이 하시던 말씀이 생각나서 빙긋이 웃음이 나온다. "이 집 남자들 젓가락도 못 갖다 먹지." 이상하게도 그 말이 떠오르는 순간 아이고 내 팔자야, 하던 속에서의 넋두리는 감쪽같이 사라지고 어머님 생각이 난다. 어떤 때는 일손을 잠시 멈추고 픽픽거리며 웃다가 남편에게 들키기라도 하면 왜 상 차리다 말고 웃느냐며 이상해 한다. 자고로 남의 집 며느리는 배가 고파야 한다는 옛사람들의 말이 어찌 그리도 딱 맞는지 모르겠다는 것이 우리 어머님 말씀이었다. 더운 여름날 할 수 없이 저녁을 지으러 일어나는 내 무거운 몸짓을 보시며 하시던 말씀이다.

아들이 장가든 후에 가장 걱정스러운 것이 아침밥을 얻어먹고 다니는가? 하는 것이었다. 나뿐이 아니라 요즈음 신식 시어머니들이 공통으로 갖고 있는 걱정이다. 그들은 며느리에게 물어보거나 강요할 수 없다는 교양(?)의 명령 때문에 속으로 끌탕만 하기 십상이다. 아들이 아침밥을 먹고 다닌다는 것을 알았을 때 며느리가 얼마나 예뻐 보였는지 모른다. 우리 때는 당연했던 일이 왜 그렇게도 신통하고 고마운지….

남은 반찬도 계속해서 그냥 먹자고 할 수 있는 사람, 그게 바로 남편 아닌가? 삼식이 이식이 하지 말고 사랑으로 밥상을 차려 볼 일이다. 이제 차린들 얼마나 차리겠는가? 아무리 오래 산다 한들 그동안 차린 밥상의 절반도 못 차릴 텐데 투정하지 말고 차려 먹자. 아마 나만큼 밥상 차리며 속으로 불퉁거린 사람도 흔치는 않을 테니까 속죄하기 위해서라도 웃음으로, 기쁨으로 밥상을 차려보자 작심삼일이면 어떠랴 날마다 작심하면 항상 즐거운 식탁을 가운데 두고 남편과 마주 보며 웃을 수 있는 행복이 내 것이 되시 않겠는가?

삼식이를 아시나요? 삼식이매운탕을 맛있게 먹을 줄을 알지요, 이제 잘 끓이는 비법을 배우러 강원도에 다녀와야 할까 봅니다.

(2009. 8.)

나를 생각하세요

사람은 누구나 자기를 기억해 주기를 바란다. 거기서 한 발 더 나아가서 자기만을 생각해 주기를 원하는 것이 사랑이 아닐는지. 원하는 것은 똑같은데 자기를 생각나게 하는 기술은 저마다 다르다. 이 방면에 재능이 있는 사람이 자신이 원하는 사람으로 하여금 자기만을 생각하도록 붙잡아 매는데 성공하는 것이리라. 상대방에게 자기 존재를 확인시키고 기억 속에 살아 움직이게 하는 일은 가만히 앉아서 저절로 이루어지지 않는다. 자기를 생각나게 하는 기회를 제공해야 한다. 뇌리에 콱 박히는 기막힌 한마디의 말이나, 시야를 떠나지 않을 인상적인 행동이나, 감동적인 몸짓, 마음씨 등등 어느 것이라도 좋으나 요점은 상대방의 머리와 가슴에 항상 고여 있어야 한다는 것이다.

"할머니, 설거지 할 때 이것 입고하세요, 앞치마에요, 내가 만들었어요, 한주에요, 나를 생각하세요." 일곱 살짜리 손녀가 두터운 비닐로 앞치마를 만들어 반짝 무늬로 예쁘게 장식을 하고 거기에 이렇게 써서 가져왔다. 귀엽고 기특해서 꼬옥 안아 주고는 앞치마를 두르고 개수대 앞에 섰다. 그러는 할미를 보며 손녀는 한껏 흡족한 미소를 짓고 있다. 설거지를 하는 동안 웃음이 입 꼬리에 매달려 떠나지 않는다. 옷 앞자락을 언제나 흠뻑 적셔서 윗옷을 갈아입곤 했는데 물방울이 비닐에서 도로록 굴러 내려가니 발아래만 훔쳐내면 된다. 물이 많이 튀겨 올까봐 조심하지 않아도 되니 설거지가 오히려 즐겁기까지 하다. 부엌에 올 때마다 생각하겠다며 볼을 부비는 할미의 목을 꼭 끌어안은 손녀의 따스한 손이 보드랍다. 정말 그렇게 좋으냐, 정말 나를 잊지 않고 매일 생각할 거냐를 주문 외듯 확인하고 또 한다.

새벽에 부엌에 나와도 을씨년스럽지가 않다. 손녀의 사랑 앞치마가 영접해 주어서이다. 손자 손녀 생각이 항상 마음을 사로잡고 있긴 해도 앞치마를 보면 손녀 생각이 안 떠오를 수가 없다. 앞치마를 걸치면서 앙증맞은 편지를 읽는 기분 또한 말로 설명하기 힘들다. 어떤 연애편지가 이보다 달콤할까? "나를 생각하세요."라는 여섯 글자가 이렇게 가슴을 후벼 놓을 수가 있단 말인가? 그렇다, 사랑은 혼자 하는 것이 아니라 둘이 서로 하는 것이기에 사랑 받기 위해서는 자신이 어떤 씨앗을 뿌려야 되는데 우리 손녀는 앞치마에 여섯 글자를 적어 보냄으로써 할미 마음을 꽉 붙잡는 씨앗을 잘 심어 놓은 것이다.

중전마마가 후궁을 잡아다가 다스리기 전에 상감의 마음에 자신을 생각나게 하는 씨앗을 먼저 심었어야 하는 것이었다는 생각이 스치고 지나간다. 우리 옛 사람들은 여인이 적극적인 사랑의 표시를 하는 것은 상스럽다고 생각했고 특히 양반가 아낙에게는 금기로 교육될 정도였다. 사람은 옛날이나 지금이나 같을진대 근엄하기만 한 아내에게 매력을 느끼기는 어렵지 않았을까? 그런 남정네들에게 기방의 여인이나 첩실들이 마음껏 애정표현을 해 왔을 때 목석이 아닌 이상 어찌 흔들리지 않을 수 있을까? 법도에 얽매인 중전마마가 어지간한 실력이 아니고서는 상감마마의 마음에 자신을 각인시키기 어려울 수밖에 없다. 자는 시간에도 상궁 내시들이 지키고 있으니 심장 약한 사람은 잠도 제대로 안 올 지경인데 어떻게 상감의 마음에 씨앗을 심을 수 있었겠는가?

나를 생각하세요, 내 마음에 씨앗 하나 잘 심은 저 아이 가슴에 과연 나를 생각해 달라는 고운 씨앗을 나는 심었을까? 자신이 없다. 손녀가 할미를 생각해 낼 수밖에 없는 묘수의 씨앗을 부지런히 심어야 한다. 그것이 무엇일까? 누군가의 가슴에 그런 씨앗을 심어 본 적이 없을 이 무능한 아낙에게 그런 재주가 있을 리 없다. 아무리 생각해 봐도 이럴 때는 양가집 규수에서 양반 댁 며느리로 살아 온 세월이 훈장만은 아닌 것 같다. 요염

하거나 교태까지는 아니더라도 상대방을 생각해 가며 사는 것이 필요한 덕목임은 가르치고 볼 일이다. 자연스럽게 나를 생각하라고 말할 수 있을 정도까지는 말이다. 그래도 한눈팔지 않고 한평생 이렇게 재주 없는 여인의 옆을 지켜 주고 있으니 남편이 사대부임에는 틀림이 없나 보다. 손녀에게는 그 아이가 좋아하는 선물 공세를 인상적으로 하는 연구를 해야겠다. 남편에게도 남은 세월이나마 감동을 받을 만큼의 서비스를 해야겠는데 정성들여 끓이는 된장찌개 한 그릇이면 족할지도 모른다. (2009. 5.)

창경궁의 오후

사람의 기억이란 것이 참 묘한 것인가 보다. 영원히 잊히지 않을 것 같던 생각이나 일들이 시나브로 잊혀서 잊고 있다는 사실조차 눈치채지 못한 상태에서 잊어가면서 살아가고 있는 일이 한두 가지가 아닌 듯싶다. 하기야 망각이 없다면 미쳐버릴 사람이 한둘이 아닐 것이다. 쓰라린 상처나 가슴을 파고드는 그리움도 세월에 씻겨가면서 빛이 바래서 그저 그런 듯이 살아가고 있는 것이 인생이 아닌지 모를 일이다.

어머니가 불현듯 세상을 버린 지가 올해로 딱 40년째 되는 해이다. 미안하리만큼 잊고 살았다고 생각했는데 요즘 부쩍 엄마 생각에 깊은 상처가 새롭게 건드려지면서 생살처럼 아프다.

올가을에 창경궁을 몇 번 찾았다. 단풍에 탐닉한 면도 없지는 않겠으나 시간만 나면 무의식중에 발길이 그리로 향하는 것은 어머니에 대한 강렬한 그리움의 표현임을 뒤늦게 깨닫고는 흠칫 놀랄 정도이다. 대학시절 명륜동에서 엄마와 같이 자취살림처럼 단출하게 살 때 수시로 어머니와 함께 창경궁을 들락거렸다. 여름이면 아예 돗자리 하나 말아들고 간단한 도시락까지 싸들고 그곳에 가서 하루 피서를 즐기고 오곤 했다. 책도 읽고 공부도 하고 낮잠도 자고 하다가 문 닫을 시간이 되면 아쉬운 발길을 돌려 집에 오기 일쑤였다.

어느 날은 식물원을 집중적으로 탐색하기도 하고 어느 날 저녁에는 동물들 저녁식사 장면을 다 둘러볼 수 있는 행운을 얻기도 했다. 여름이라 해가 아직 많이 남았건만 나가야 될 시간이 가까워 아쉽게 돗자리를 걷고 어슬렁어슬렁 걸어 나오는데 웬 사람이 양동이를 들고 호랑이 우리 위로 올라가는 것이 아닌가. 깜짝 놀라 쫓아가 보니 우리 간 천장 한 부분을 옆으로 밀고 그 통의 것을 쏟아 부었다. 호랑이는 옆쪽에 비스듬히 누워 있는데 우리 간 한가운데 닭인지 토끼인지 알 수 없지만 고기 덩어리가 통 마리째로 수북이 떨어져 쌓여있게 되었다. 그중에는 쇠고기나 돼지고기 같은 큰 동물의 고깃덩어리도 함께 있는지 어떤지 자세한 상황까지야 알 수는 없었다.

지금 그 자리쯤에 서 있는지 정확한 지점을 기억해 낼 수는 없지만 대략 그 언저리쯤은 될 것 같은 곳에 서 있다. 단풍나무도 있고 울긋불긋 조화를 이룬 여러 나무들이 잘 심어져 있어서 아름다운 경관을 뽐내고 있는 중이다.

일제에게 능욕 당했던 옛 궁을 완전히 복원해내지는 못했으나 동물원을 쫓아내고 수목으로 단장하여 기품을 조금은 회복하여 놓은 편이다. 벚꽃들이 사라져 자신들의 젊은 시절 추억의 장소가 사라지는 데 대한 아쉬움을 가졌던 세대들도 이제 다리 힘이 캥겨서 이곳에 자주 나들이하기가 좀 쉽지 않은 사람들이 늘어가는 처지가 되었다. 머리를 들어 목을 한껏 젖히니 새빨간 단풍이 햇살을 받아 영롱하게 비친다. 그 맑고 아름다운 색깔을 내 둔필로는 표현할 수가 없음이 아쉬울 뿐이다.

그날 자신의 바로 앞에 수북이 쏟아진 먹잇감을 보고도 미동도 않은 채 그 자세대로 앉아 있다가 한참이나 지난 후에야 느릿한 몸짓으로 다가가서 아주 천천히 고기를 뜯던 여유롭기 그지없는 호랑이를 보면서 역시 다르다, 괜히 산 중 왕이 아니라고 감탄하던 어머니의 말이 귓전을 생생히 때린다.

"저 봐라 저렇게 의연해야 한다, 허겁지겁 하지 말아야 한다. 특히 먹이 앞에서 의젓할 수 있는 것은 자신감이다. 너도 저렇게 자신감 있게 일생을 살아야 한다."는 등등이 그날 호랑이 우리 앞에서 어머니가 내게 당부한 내용들이다. 아마 어머니는 미리 유언을 해 두고 싶었던 것인지도 모르겠다. 글쎄, 어머니 마음에 흡족하게 살았는지는 모르겠으나 먹잇감 앞에서 옆 사람을 제치는 순발력은 없이 한 생을 살아온 것 같다.

금년 단풍이 시원치가 않아서 기분이 아주 좋지는 않지만 그런대로 운치를 지니고 있기에 온갖 상념들을 애써 떨쳐내면서 가을에 깊이 빠져들고자 노력하며 걸음을 옮긴다. 마음을 알아주기라도 하겠다는 듯이 새들이 합창으로 맞아준다. 소리가 어찌나 곱고 맑던지 소리를 찾아 걸음을 재촉해 본다. 흔적은 찾을 길 없고 높은 나뭇가지 위에서 내려다보며 환영만 하고 있는 것 같다. 저만치서 모녀가 정답게 손잡고 걸어온다. 잠시 옛날의 나 같아서 발을 멈추었다가 비식 웃음만 날리고 다시 걷는다. 새삼스레 어머니가 또 그리워진다. 남들은 100살도 산다고 난리들인데 무엇이 그리도 급해서 환갑도 못 넘기고 이승을 떠나야 했는지 원망스럽기 한이 없다. 지금껏 사셨던들 효도했으리란 보장도 없기는 하지만 그래도 남들 부모가 팔순 미수 등 장수 잔치하는 것을 보면 부럽다 못해 심통이 날 지경이다.

연못 쪽으로 갔더니 후줄근해진 수양버들 아래 의자에 한가로이 앉아 있는 사람들의 모습이 정겨워 보인다. 저들도 이 시간에 할 일 없이 여기 앉아 시간을 낚고 있는 것으로 보아 분명 먹잇감 앞에서 순발력을 발휘해 보지 못한 사람들일 것이라는 생각을 떠올리며 혼자 웃는다. 사람은 내 마음을 미루어 남의 마음을 짐작한다는 말이 맞기는 한가 보다. 물위에 비친 단풍나무 그림자가 한 폭 그림으로 아름답다. 어머니만큼이나 솜씨 좋은 사람이 수를 놓았나보다. 맑은 물속에 고기들이 노니는 게 평화롭기 그지없다. 눈앞이 뽀얘지더니 물위의 숲 그림자 사이로 어머니의 고운 얼굴이 떠오른다. 손을 흔드는데 기운이 없어 보인다.

'어머니 힘내세요. 저 괜찮아요, 먹잇감 앞에서 추해지지 않은 채 남은 세월도 잘 보내고 갈게요. 잡힐듯하던 어머니의 모습이 순식간에 수면에서 사라져 버렸다. 마치 수선화의 주인공처럼 실수라도 할까 무서워 얼른 모습을 거두어 들였나보다. 가엾은 어른, 그나마 보고 싶은 딸의 모습을 지켜보는 시간조차 딸 걱정에 얼른, 잠깐으로 한정해야 하는 어른, 지금 다른 세상에 가서도 오로지 내 걱정에 아무 일도 못하고 있나보다. 잊은듯하면 더 새로워지는 이 애틋한 정은 아마도 내가 세상을 버리는 날 그때서나 이울어지려나보다. (2008. 11.)

제주를 생각한다

제주여고 1학년 0반 김명자. 그에 대해서 알고 있는 정보의 전부다. 1958년 현재 2학년 재학생이다. 지금도 제주에 살고 있을까? 서울 하늘 밑 어딘가에서 함께 숨 쉬고 있는 것이나 아닌지 모르겠다. 어느 날 서로 택시를 먼저 타겠노라 실랑이를 벌인 바로 그 사람이었을 수도 있는 일이다.

여고 1학년 가을로 기억된다. 국어 선생님의 편지쓰기 운동에 따라 우리는 세 통의 편지를 써서 무작위로 전국의 여학교 가운데 추출한 표본학교의 같은 반 같은 번호 앞으로 발송했다. 두세 주일 후 그 두 통의 답장을 받았다. 그중 한 통이 바로 제주여고 1학년 김명자 학생으로부터 온 것이었다. 예쁘장한 사진을 동봉한 편지는 제주의 생활 소개와 더불어 반갑다는 인사와 편지친구가 되어보자는 내용이 담겨 있었다. 몇 차레 편지가 오가다가 내 게으름으로 편지가 끊어지게 되지 않았나 싶다.

대학입시 준비에 들어가면서 답장을 다시 보내야 될텐데 하는 부담감조차 날려 보낸 채 정신없이 세월이 흘러갔다. 대학 진학 후에는 쫓기는 공부에 덜미 잡혀 사느라 그 일은 생각 속에 들어오지 못했던 것 같다.

서른 초반에 탐라를 처음 찾았을 때 그 곱상한 얼굴이 떠올랐으나 단체 관광길이라 그냥 옛일 중의 하나로 흘려보냈다. 마흔 중턱쯤에 출장으로 제주에 다시 갔을 때 함께 회의를 하게 된 부녀회원들을 보면서 저 중에 혹시 그가 없을까 유심히 살펴보았다. 너무 아는 게 없어 누구에게 물어 볼 수도 없어서 그냥 또 흘려버려야 했다.

제주문학에 글을 쓰게 된 이 가을 슬그머니 그를 만나고 싶어진다. 몇 십 년 알고 지내던 사람도 다 못 만나고 사는 바쁜 생활이면서 한 번도 만나 보지 못한, 편지 몇 번 오고간, 사진만 서로 보았을 뿐인. 게다가 이성도 아닌 동성인 사람을 다 늙어가면서 새삼스레 만나서 무얼하겠다는 것이냐고 따져 묻는다면 할 말은 없다.

그저 막연히 궁금해진다. 살아는 있을까? 결혼은 했겠지. 애들은 몇이나 두었을까? 무엇을 하며 세월을 흘려보내고 있는 걸까? 여전히 곱겠지? 하얀 여름 교복에 단발머리의 예쁘장한 그 얼굴이 왜 이다지 선명하고 또렷하게 남아있는지 나도 놀라

울 지경이다. 제주에 더러 갔지만 심각하게 생각하지 않았었다.

초등학교 시절 사회책에서 배운 제주도 특히 그곳 여인의 이미지가 그 사진에서는 도무지 연상되지 않아서 갸웃거리며 편지를 몇 번씩 되짚어 읽어보곤 했다. 생활력이 강하고 생김새도 어딘가 색다를 것 같다는 게 머릿속에 박힌 제주 여인상이었던 내게 그 곱상한 사진은 또 다른 호기심의 대상이었다. 제주할망의 전설들을 들으면서 우리 조상들의 원래 심성과 모습이 그대로 살아남아 있는 곳이 제주일 것 같다는 생각을 해본다. 탐라의 동떨어진 독특한 모습이나 풍습이 아니라 워낙 우리 옛사람들의 소박하고 정스러운 모양새가 육지에서 변질되어 갔어도 이곳은 무풍지대로 지키고 살아온 것이 아닌가 싶다.

유배지로 기억되는 땅이기도 하고 『배비장전』의 해학이 먼저 떠오르기도 하고, 광해가 유배지를 옮겨와 욕된 생을 길게도 살다가 한 많은 생을 접은 곳이기도 하다. 우리 현대사에서는 4·3사태로 기억되는 곳, 6 · 25때 능력 있고 재력 있는 사람들이 재빠르게 옮겨가 피난 짐을 풀지도 않은 채 여차하면 날아갈 준비를 하고 있었다는 씁쓸한 이야기로 회자되는 곳이기도 하다. 하지만 파랑 계통의 물감을 정교하게 골골이 섞어 뿌려놓은 듯한 옥색 색동 바다가 넘실대는 곳, 남국풍의 가로수가 너울너울 춤추는 곳, 고개 한 번 돌리는 동안에도 면모를 바꾸는 얼굴 많은 산 한라를 이고 있는 탐라. 넓지 않은 땅 여기저기 심심찮게 솟아있는가 하면 누워있는 수많은 오름들 전설 하나쯤 거느리지 않고는 족보에 끼지 못하는 정다운 땅덩이들이 아름다운 자태를 뽐내며 떠 있는 섬, 섬들. 비단 치맛자락에 휩싸인 양 쪽빛 바다에 출렁거리며 함께 춤추는 걸출한 조각품은 아닐는지.

유배 온 양반 남정네들이 일을 않고 글만 읽으니 자연히 여자가 생업을 꾸릴 수밖에 없어서 오늘날 제주여인의 강인한 생활력을 길러내려 왔노라던 제주인 강 선생의 설명이 생각난다.

잠깐 와서 보고 자연이나 풍광을 즐기다 가는 나그네가 제주의 깊은 속살 내음을 어찌 알아볼 수 있을까 보냐. 나는 그 제주남자의 이야기를 들으면서 제주여인의 삶을 연구해 보고 싶은 강한 도전을 받았다. 아직 게을러 체계적인 연구의 계획도 세우지 못하고 있지만 아무래도 제주인들에 의한 연구 자료를 폭넓게 얻어 보는 것으로 그 욕심은 대신 채울 수밖에 없지 않을까 모르겠다.

목석원의 묘한 분위기가 제주를 가장 잘 나타내고 있는 것 같기도 하고 엷은 비취옥 치맛자락을 나부끼며 온 섬을 휘감았다 놓고 잦아졌다가 휘몰아치는 저 바다가 탐라의 진면목인 듯하기도 하다. 여러 번 왔건만 유채꽃 철에 못 와봐서 달력그림의 유채밭 가운데 얼굴 사진을 살싹 넣었다가 꺼내보기도

했다. 한라산을 꼭 걸어올라 보겠다고 다짐해보지만 하룻밤 겨우 자고 회의에 끌려다니다 가는 출장길이 대부분이어서 제주를 또 찾아야 할 명분의 끈 하나를 항상 남겨두고 사는 셈이다. 하늘 끝을 향해 웅비하는 용두암의 그 자태가 왜 첫 번 대했을 때 같지 않고 퇴락해 보이는지 알 수가 없다.

미국산 오렌지의 무차별 난입(?)으로 설 땅을 잃지 않을까 근심하는 제주 농민들의 한숨을 전해 들으면서 귤나무 한 그루가 대학생 하나였다는 옛이야기를 떠올려 본다. 예측이 빗나가 바나나 농장들을 차렸다가 손을 털고 나무를 잘라 눕혀야 했던 농민들의 울분을 내가 무슨 재주로 달래줄 수 있으랴 만은 서울의 돈 많은 아주머니들 때문에 제주는 지금 만신창이가 되고 있다는 현지행정가의 신음 섞인 지적을 앞에 하고는 홍당무가 될 수 있는 얼굴은 아직 가지고 있다.

여기저기 개발의 삽질이 한창인 제주를 보면서 부지런히 찾아와 만나두어야 할 곳이 많은 것 같아 초조해진다. 무엇으로 저 무모해 보이는 개발의 불길을 잡을 수 있을까? 탐라를 찾아와 탐라를 볼 수 있는 곳, 그런 곳으로 버텨나가 주기를 빌 뿐이다. 서울 한 귀퉁이를 옮겨다 놓은 듯한 당황함이 제주의 몫은 아니어야 한다. 바람에 날아가지 말라고 초가지붕을 눌러 묶어야 하는 옛날식 건물들만을 짓고 살라는 말이 아님은 제주의 멋쟁이들이 더 잘 알고 있으리라. 문화의 혜택을 누리되 여기 와야만 느낄 수 있는 독특한 향취를 계속 품어 안고 있기를 바라는 것이 도회인의 이기심이라면 할 말은 없다.

지명의 마루턱에 선 여인 김명자를 하얀 교복을 입고 살짝 미소 짓는 그 모습으로밖에 기억하지 못하듯이 멋과 낭만과 무언지 모를 야릇한 제주만의 풍속들을 끌어안고 있어주기를 바라며 유채의 노랑, 바다의 옥빛, 한라의 백설의 삼색바탕에 우뚝 선 해녀만이 기억되는 그런 탐라를 가슴은 원하고 있다.

만나보지도 못한 우리 두 사람, 길에서 만나도 알아보지도 못할 테지만 제주를 생각하며 자꾸 궁금해지는 단발머리 소녀 명자. 이 글 쓰느라고 나 정말 폭삭 속았수다. (1997.6.)

위장

머리핀이 잘 꽂아지지 않는다. 그도 그럴 것이 머리숱이 없어 겨우 머리를 덮고 있을 정도인데 무거운 머리털 핀을 꽂으려니 머리 밑이 당기고 금세 떨어질 것 같다. 불안하기 그지없고 아프기까지 하다. 오랫동안 거부하던 가발인데 우선 부분적인 머리핀 형을 꽂아 머리를 좀 덮어보고 있는 중이다. 거울 속의 얼굴은 이미 화장이라는 것으로 한 꺼풀 덮어서 좀 허여멀게 보인다.

중년의 인기배우가 가발을 벗어 던졌다. 데뷔 이래 수십 년을 하루같이 쓰고 살았던 머리 털모자를 벗고 자신의 대머리를 드러내 보인 것이다. 아주 민둥산이 아니라 부드러운 M자를 그리고 있어 그런 대로 괜찮아 보인다. 그동안 아무개가 대머리라는 얘기가 파다하게 퍼진 데다 이번에 맡은 배역의 인물

이미지를 잘 나타내기 위해 가발을 벗고 나온다는 것도 알려진 사실이었다. 예상했던 일이라 짐작보다 괜찮은 편이어서 그럴싸해보였는지도 모른다. 자신감의 표출일 수도 있어 더 괜찮아 보였는지도 모르겠다.

머리를 어렵사리 얽어 얹어 두세 개의 핀들 덕택으로 꽤 풍성해 보이는 머리 모양새가 갖추어졌다. 통 내리닫이로 된 온몸 조이개 옷(코르셋)을 받쳐 입고 겉옷을 입는다. 울룩불룩한 위아래 뱃살을 좀 억눌러서 약간 덜 뚱뚱해 보이게 하려는 노력이다. 젊은 애들 취향의 가방을 꺼내들고 운동화풍의 신발을 신는다. 다른 것은 다 젊게, 낫게 보이려고 안간힘을 쓰지만 신발만은 어쩔 수 없다. 신체적으로 감당이 안 되니 뾰족한 젊은이 신발을 신을 수가 없다. 좋게 말해 단장이라 하지만 실은 속임수가 아닐 수 없다. 허연 머리는 물감을 들여 까맣게 만들고 누르팅팅하고 푸르죽죽한 얼굴은 분이라는 것을 발라 도배를 해서 때깔 좋게 만든다. 그냥 다니면 추해 보여서 오히려 남에게 실례가 된다는 주장도 있기는 하다. 여름철이면 땀 때문에 맨얼굴로 나다니기도 잘하는 내게 50이 넘어서 화장 않고 나오는 여자는 기고만장이라고 한다며 힐책하던 친구도 있었다.

남에게 잘 보여야 된다는 것 바로 이것 때문에 우리는 자신의 모습을 그대로 내놓기보다 되도록 미화해서 보이는 것을 당연히 생각하며 살아가고 있다. 어디 외모뿐인가? 정신적인

면은 더 심하다 할 수 있다. 경우 없이 구는 친구에게 솔직히 잘못을 지적해 주기보다는 이해하는 척 듣기 좋게 응수하고는 돌아서서 속으로 그의 잘못을 누누이 곱씹으며 경멸하기도 한다. 곧장 쏘아붙이고 싸우는 것보다 부딪히지 않는 것을 사람들은 교양 있다고, 성격 좋다고 칭찬하기도 한다. 행동의 화장이 아니고 무엇이랴.

어쩌면 우리는 이런 행동의 화장을 어떻게 하면 잘할 수 있는가를 교육이라는 이름으로, 아니 수양이라는 이름으로 끊임없이 배워왔는지도 모른다. 어린 시절의 교육만으로도 모자라 직장 등에서 훈련이라는 명목으로 철저한 위장술을 익히게 한다. 인간관계를 잘해나가려면 어찌어찌해야 된다는 내용들이 따지고 보면 자신의 감정을 잘 조절해서 상대방의 호감을 유지해 나가는 방법을 가르치고 있는 것이다. 상대방이 욕을 해도 마주 욕하는 것보다야 조용하고 점잖게 응수하며 자신의 뜻을 전달하는 것이 결국 승리하는 것이라고 가르치고 있는 것이다.

요즈음 딸이 더 좋다고 난리들이지만 딸과 함께 사는 노인들이 더 속상해 한다는 말도 있다. 어머니가 딸로부터 상처를 많이 받는다는 것이다. 딸은 솔직히 말하고 며느리는 그렇지 못한 차이인 것이다. 처녀 때 친정어머니가 싫은 소리를 하면 곧장 말대답을 해버렸지만 시어머님으로부터 마음 뒤틀리는 얘기를 듣게 되면 어금니를 물면서 참아낸다. 괜찮은 척하면서 말이다. 철저한 위장술이다.

손자가 말을 겨우 할 때 할머니는 왜 그렇게 뚱뚱하냐고 진지하게 물었다 아이의 말이지만 민망했다. 그런 말을 다한 줄 안다고 신통해서 어쩔 줄 모르겠던 기분과는 전혀 별도로 좀 씁쓸했다. 이제 유치원에 다닐 정도로 자라더니 달라졌다. 할머니 뚱뚱하냐고 물으면 싱글싱글 웃으면서 아니라고 고개를 살살 내젓는다. 녀석도 벌써 감정의 위장을 터득해가고 있는 중이다. 치매 문턱을 넘나드는 시어머님은 저 뚱뚱한 여편네가 누구냐고 묻는다. 당신의 점심을 준비하는 며느리에게 꽂힌 이 한마디는 결코 유쾌할 수 없는 화살이 되어 자꾸 가슴을 파고든다.

손자의 솔직한 지적에는 좀 씁쓸하긴 했지만 쑥스럽고 민망하기만 했는데 시모의 같은 말은 자꾸 가시가 되어 찌르는 것이다. 90노인의 위장술은 아예 기능을 상실했고 60며느리의 위장술도 모터가 삐거덕거리며 가동이 시원치 않으려 한다. 기분대로 말하고 행동하는 것, 그것은 나쁘게 말해서 상대방의 입장을 고려하지 않는 것이고 좋게 말하면 솔직하다는 뜻이 된다. 우리네 여인들은 대가족을 지켜오는 동안 유난히도 이 위장술의 명수가 되어야만 살아남을 수 있었다. 다방골에 탐닉한 서방님을 애타게 보고파도 흔연한 척해야 했다. 벌건 대낮에 삼월이년을 끌고 들어가도 못 본 척 눈을 내리깔아야 했다. 조카 놈이 제 아이를 때려도 아픈 가슴을 못 드러내고 제 자식을 나무라야 했다.

미덕이라는 허울 좋은 너울은 이제 사라져가고 있다. 다방골에 탐닉하거나 삼월이년을 껴안다가는 이혼이라는 도장을 이마에 선명하게 찍힌 채 일생 월급차압이라는 벌금형(?)까지 감수하며 알몸으로 쫓겨나기 십상이다. 이제 여인네에게 미덕을 내세운 위장은 웃음거리에 지나지 않는다. 어른의 말에는 그른 말이라도 말대답이라 틀린 줄 알면서도 괜찮은 척하고 참는 것, 이것도 옛말이다. 아무튼 어지간한 위장들이 다 필요 없어진 세상이 되어간다. 솔직하고 투명해서 좋은지는 모르겠으나 어딘지 모래가 서걱이는 기분이다.

제 눈의 들보는 안 보여도 남의 눈의 티끌은 보인다고 자신은 시어머니에게 더 이상 위장이 안 되면서 아이들이 막되게 구는 것은 참기 어려우니 이 또한 다른 부분의 위장술이 기능상실증에 걸린 것은 아닐는지. 아무튼 거울을 다시 보고 철저히 속을 감추는 데 성공했다는 안도감을 안고 문을 나선다. 자꾸 구부러지려는 어깨를 뒤로 한껏 젖히고 목을 곧추세워보지만 걸음은 허둥거리기만 한다. 그래 좋다. 오늘도 철저히 잘 속이고 하루를 넘겨보자. 기분이 나빠도 좋은 척, 누구 말대로 지구가 망할 정도의 일이 아니거든 사리에 어긋나게 우겨도 고쳐주려 들기보다 이해하려 드는 고도의 위장술을 진심인 양 잘 연출해 보이자.

어차피 하늘길 가는 날 그날에야 모든 것 다 벗어던지고 맨얼굴, 맨머리, 제 마음으로 갈 것 아니겠는가? 가발도 필요 없고 진한 립스틱도 소용찮다. 힘들었으면 힘들었다고 한마디 유언으로 남기고 고즈너이 떠나면 그만이다. 그 순간까지는 위장에 잡혀 살 수밖에 없다.

(2005. 6.)

계륵
반상기에 담겨온 어머니
한 말씀만 하시지요
자랑스러운 아버지
아버지의 꿈
소금광산, 어둠에서 살다 어둠으로 사라져
밤에 열린 광화문-명성황후
사랑이 죄인가요-장희빈
한산섬은 아름답더이다-성웅 이순신 장군
갈매기야 너는 아느냐-연산군 · 광해군

계륵

버리자니 좀 아깝고, 죄 짓는 것 같기도 하고 먹자니 힘만 들고 불편할 뿐 별로 먹을 것이 많지도 않고, 버릴 수도 먹을 수도 없이 어정쩡한 것이 계륵이다. 닭갈비가 요즘에야 별미 특별음식으로 젊은이나 술꾼들에게 인기가 있지만 그 묘한 특성이야 변함이 없다. 그래서 사람들은 버리거나 멀리하기도 어렵고 그렇다고 가까이하거나 택하기도 싫은, 그러면서도 옆에 끼고 있어야 되는 일이나 상황과 사람들을 계륵이라고 비유해 왔다.

우산살이 하나 고장이 났다. 반으로 접히는 우산의 살대 하나가 가운데 접인 부분이 못쓰게 된 것이다. 펴면 그 부분이 조금 구부러져 들어갈 뿐 비를 가리는 데는 지장이 없다. 장마철에 비가 오다, 개다 하는 통에 우산을 놓아 버리고 다니는 일이 잦은지라 아예 잃어버릴 셈치고 그대로 들고 다니기로 했다.

달이 바뀌어도 안 놓치고 계속 내 손에 남아 있다. 이제 우산대까지 고장이 나서 절반쯤만 오르내리니 키 작은 우산이 되어서 장난감 같아 보이고 우산 받고 가는 모습이 약간 우스꽝스럽기까지 하다. 그래도 계속 들고 다닌다. 잘도 잃어버리던 우산이 이번에는 오래도 내 곁을 지켜준다.

비가 올둥말둥한 날 아침, 우산통에서 이 키 작은 우산을 집으며 오늘 한 번 더 들지 뭐, 또 놓고 올지도 모르니까. 이런 푸념을 꽤 오랫동안 하고 있다. 이제 좀 잃어버리면 좋겠는데 건망증이 휴가를 갔나 보다. 올 여름 나의 계륵이 바로 이 우산이다. 문득 내가 혹시 주위 사람들에게 이런 계륵이면 어떡하나? 하는 생각이 들자 정신이 번쩍 든다. 제발 그것만은 아닌 채 살다 갔으면 좋으련만.

(2007. 9.)

반상기에 담겨온 어머니

어머니!

얼마 만에 불러보는 말인지 입술이 떨리는 것 같습니다. 한 세대도 훌쩍 넘어 40년을 바라보는 먼 세월이 되었습니다. 혼자 수없이 가슴으로 불렀으련만 이렇게 입으로 뇌어 보기는 처음인 듯 착각이 되기도 합니다. 갈급하게 마음이 아플 때 입술을 밀고 올라오는 파열음은 항상 엄마였습니다. 그것은 한숨에 섞여 나오기 일쑤였고 분노가 묻어 있기도 했습니다. 세상살이에서 슬프고 억울하고 분할 때 그 한마디를 토해내고 나면 이상하게 조금씩 마음이 가라앉았습니다.

어머니, 이제는 자주 이렇게 부르는 기회를 즐겨 만들어 보아야겠습니다. 슬픔과 분노에 떠밀려서가 아니라 시원한 공원의 나무의자에 앉아 옛날처럼 마주보며 웃고 쳐다보던 그 기분으로 어머니를 부르렵니다. 왜 그리도 서둘러 떠났더란 말이냐고 울부짖넌 마음도 억울함도 이젠 빛바랜 그림엽서가 되었으니까요. 버릇없는 말이 될지 모르겠습니다마는 저도 이제 어머니 먼저 가신 나라로 떠나는 버스 정류장에 온 것 같습니다. 저를 태워갈 차가 언제 올지는 모르지만 곧 오겠지요. 환갑이 넘으면 덤으로 사는 삶이라는데 저도 덤 살이가 벌써 몇 년 되어갑니다. 경로석이라는 곳에 뻔뻔스럽게 잘 찾아가고 이제 천연덕스레 앉아있을 정도가 되었답니다.

어머니

어제 새언니가 어머니의 혼수품 반상기를 보내 주었습니다. 자기가 시집올 때 해가지고 온 반상기보다 어머니의 것이 훨씬 예쁘고 물건이 좋아서 공출 때 자기 것과 바꾸었다는 설명과 함께 부쳐왔습니다. 오랫동안 싸 놓기만 해서 시꺼멓게 죽은 유기그릇이건만 살아서 제게 말을 걸어오는 것 같았습니다. 푸릇푸릇 돋은 동록은 마치 어머니 가슴에 피어난 시퍼런 한의 꽃 같기도 해보입니다. 70년이 되어가는 그릇들이 초롱초롱 저를 쳐다보고 있습니다.

이왕 공출에 빼앗길 바에야 좋은 것을 남기고 싶었던 언니의 소박한 소망이 아니었더라면 우리 집안에 남아 있지 못했을 물건입니다. 여기저기 나누어 감추다가 밥주발과 국 대접을 잃고 반찬그릇들만 남았으니, 저 물건은 어쩌면 영원히 우리 집을 지켜줄지 모릅니다. 재산가치가 전혀 없을 테니까요.

정성스런 어머니의 북어보프라기가 아버지의 젓가락을 기다렸을 조그만 그릇 하나에 시선이 꽂힌 지 꽤 오래되었습니다. 시간이 흐르면서 눈가는 자꾸 시려옵니다. 굴비의 살을 발라 아버지의 숟가락에 올려주던 어머니의 가녀린 손이 곱상스레 시야를 덮습니다. 어머니가 즐기던 약자장(쇠고기를 다져서 만든 장조림)도 담겼겠지요. 외할머니가 정성껏 담아 보낸 더덕장아찌도 잘게 찢겨 담겨있군요. 당숙모의 사랑 담긴 집장(야채를 넣어 삭힌 된장류의 일종)도 자리를 하고 있습니다. 어머니의 깊은 맛 나는 김치 한쪽 먹고 싶습니다. 함께 보내온 나무칠기 찬합이 나도 좀 쳐다보라고 조르는군요. 아마도 잔뜩 준비해간 음식을 잘 먹지 않는 나 때문에 어머니를 심란하게 했던 어느 날 소풍 길의 그 도시락이 바로 저 찬합이었던 것 같습니다. 나는 먹는 둥 마는 둥 하는데 탐스럽게 먹어 대서 얄미웠다는 외사촌 동생 아무개도 이제 머리에 서리를 얹었답니다. 언니·오빠가 아들 집에 아주 옮겨 오면서 보내온 반상기 덕분에 어머니와 따뜻한 시간을 갖게 되었습니다. 백자 사발만 보면 저는 지금도 목줄이 뜨끈해 옵니다. 보리알갱이 한두 알과 근대 이파리 두어 쪽이 헤엄치듯 멀건 죽 사발을 들고 아버지의 수갑을 잠시만 풀어서 이것만 마시게 해달라고 애원하던 어머니의 모습이 떠올라서 그렇습니다. "믹이기요." 하고 내뱉던 내무서원의 한마디는 지금도 칼날 되어 폐부를 찌릅니다. 그 일로 아직도 카키색 천은 조각만 보아도 소름이 먼저 끼치지요. 반상기 옆에서 그 무섭던 기억이 왜 또 나를 괴롭히는지 연유를 잘 알 수 없습니다. 그냥 한달음에 그 생각이 떠오르는 연유를 말입니다.

공출로 밥숟갈까지 뺏어가던 일본은 다시 경제대국이 되어 떵떵거리고, 국토는 아직도 허리띠를 풀지 못했습니다. 철없을 때일망정 그 아픈 역사를 조금은 겪었넌 우리들조차 먼 길 떠날 날이 가까워진 늙은이들이 되어 버렸습니다.

어머니

이 그릇들을 빛나게 닦아서 솜씨 껏 한상 가득 차려 보렵니다. 제 마음을 달래 보려는 몸짓에 불과한 일이지만 사랑으로 받아 주실 줄 알겠습니다. 이제 손자들이 올 시간이 되어갑니다. 모처럼의 만남을 이만 끝내야 되려나 봅니다. 안녕히 계십시오. 부디 아버지와 행복한 시간 보내십시오. 저는 어머니의 3대손들의 재롱을 보며 세상시름을 잊어볼까 합니다.

(2006. 8.)

한 말씀만 하시지요

어머님.

먼 길 떠나신 지 어느새 열흘이 지났습니다. 아직 그대로 계신 것 같아 손대기 민망했지만, 방 좀 치워내고 조금밖에 정리하지 못했건만 꽤 시간이 걸렸나봅니다. 아직 여기저기 장례 때 베풀어 준 호의에 감사 인사도 못했는데 정신없이 날들이 지나가 버렸습니다. 두 분의 합장을 끝내고 돌아온 애비가 어머님 방문을 열고 오늘밤 아버지 하고 10년 만에 재회하셨으니 새 신방 차리시고 첫날밤을 잘 보내시라는 덕담을 늘어놓는데 왠지 서글퍼 보였습니다.

어머님 가시던 그 순간에 잠깐 손을 놓고 방을 나간 사이 그리도 속절없이 이승 줄을 놓아버리셨습니까? 거의 1세기에 가까운 세월을 굳게 잡고 있던 줄을 말입니다. 사랑하는 아들과 단둘이 마지막 순간을 보내시고파 이 며느리가 발걸음을 돌리기 무섭게 순간포착을 하셨더란 말입니까? 아무래도 길을 떠나실 시간이 얼마 남지 않은 듯해서 눈곱이라도 떼고 있으려고 세수하러 갔던 사이였습니다. 얼굴에 물을 묻히는 순간 어머니가 이상하다는 애비의 외마디 소리에 뛰어들어갔더니 이미 떠나가셨더라구요. 믿어지지 않아서 맥을 몇 번씩 되짚어 보고 코에 손을 대보아도 손맥은 진동이 없고 코에서는 온기가 스며 나오지 않더군요. 연속사극에서 보던 장면이 생각나기에 실을 끊어다가 어머님 코 밑에 대 보았지만 흔들리지 않았습니다.

이만하면 가시는 걸, 이만하면 가시는 걸, 이렇게 속절없이 가시는 걸, 아이고 어머님 죄송합니다. 좀 잘해 드릴 걸 죄송합니다. 는 소리가 거의 무의식적으로 주절주절 입술을 밀고 쏟아져 나왔습니다.

시집온 후로 수없이 들었던 두 분 어른의 말씀이 떠올라 솜으로 코, 귀 등을 막고 아래만 부분 목욕을 시킨 후 구멍을 다 막고 마지막 기저귀를 갈아 채워드렸습니다. 분홍 보랏빛 한복을 곱게 입혀드렸지요. 미리 다 챙겨 놓았건만 많이 구겨져서 그 급한 중에 다림질까지 하느라 쩔쩔매었지요. 급하니까 바로 옆에 있는 것도 한참이나 찾아서 말입니다. 구급차에 모시고 어머님 영생 길 첫 행진을 시작했습니다. 어머님 이승 하직 의식의 첫 시작이었습니다. 세브란스 병원 응급실에 도

착해서 의사의 노쇠라는 한마디가 떨어지자 어머님은 지체 없이 냉동실로 모셔졌습니다. 현대인은 모두 얼어 죽는다던 누군가의 너스레도 그때는 떠오르지 않더군요.

이렇게 담담하게 어머님 떠나시던 정경을 써 내려가는 것을 보니 어머님 말씀대로 자식 망한 것이 며느리인 것은 맞는 것 같기도 합니다. 어머님은 결이 곱고 착하시더니 어쩌면 숨길도 비단결처럼 곱게 스르르 잦아지셨습니다. 남에게 맺힌 일을 하지 않아서 심장이, 모터가 덜그럭거리기 시작한 지 하루도 안 되어 동작을 그치고 말았나 봅니다. 우리 옛 어른들 말씀을 빌리자면 어머님 모시러 온 저승사자는 매우 착한 편이었나 봅니다. 어머님처럼 말이에요.

어머님.

어머님의 숨결이 끊어진 것을 확인하는 순간 이상하게도 좀 잘 해 드릴지 못한 회한이 물밀 듯 밀려왔습니다. 귀찮아 하기도 하고 미워질 때도 있었는데 어째서 그런 생각이나, 후련한 마음이 들지 않는지 알 수가 없습니다. 갑자기 천사가 된 듯한 착각에 빠질 정도로 미안하고 죄스럽고 아쉽고 한스러웠습니다. 이제 다시 볼 수 없다는 생각에 안타깝고. 바로 어제 저녁에 숨이 가빠지기 시작 했을 때 밤새 작은 아씨처럼 잘못 했으니 모두 용서하고 가시라는 참회의 말은 왜 하지 못했던가. 무척 후회스러웠습니다. 어젯밤에는 시누이의 그 말을 들으면서 마주앉아 잡고 있는 한 쪽 손의 손등만 매만지고 쓸어내렸지요. 이 손으로 평생을 자식 위해 헌신 하셨다는 생각이 가득한 마음으로, 그 헌신에 감사하면서도 잘못한 것이 별로 없는 것 같아 입 밖으로 용서를 구하지 못했습니다. 자식은 다 같은데 나만 너무 억울하게 모든 책임을 떠맡아 왔으니 나는 잘못하지 않았다는 교만이 목을 눌러 사죄하지 못하게 막은 것이지요.

다시 기회가 없음을 깨달았을 때 비로소 죄송하고 미안한 마음에 기가 막혔습니다. 이만 하면 가시는 것을, 그토록 언제 가실 것인가 조바심했던 일, 36년을 함께 살았건만 끝내 남아 있던 일정한 간격, 살을 맞대는 것 같은 감정의 교류가 영영 이루어지지 않던 이상한 감정, 도리로 했을 뿐 속정 깊게 모시지 못했던 어머님 말년의 수발을 후회스러워 하면서 남모르게 어머님 잘못했어요, 모두 용서하고 편히 가세요. 하는 어젯밤 시누이가 하던 말을 똑같이 반복하고 있었지요. 맥이 뛰지 않는 손목을 붙들고 말입니다.

딸은 자식이 아니냐고, 왜 나만 귀찮게 하느냐고, 아들 편만 드느냐고, 남의 성의를 못 알아준다고, 한발만 물러서서 보면 아무것도 아닌 것을 목숨이라도 걸듯이 억울해 하고 때로는 분해 하며 혼자 속앓이하던 몰골이 비로소 가소롭게 생각되어 졌습니다. 문상객이 다 빠져나간 오밤중이 되어서야 어머님 사진에 손을 얹고 진정 가슴 밑바닥에서부터 솟구쳐 오르는 사죄를 드렸습니다.

어머님.

한 말씀만 하시지 그러셨어요? "에이 이 고약한 것아, 왜 이렇게 구박하느냐?" 하고 말이에요. 제가 속으로 어머님 귀찮아할 때 그걸 느끼고 있었으면서 왜 아무 말도 안 하셨어요. 한 말씀만 하셨어도, 떠나기 전 바로 그때라도 이 한마디만 하셨더라면 제가 훨씬 홀가분해졌을 것 같습니다.

저는 그동안 한 지붕 아래서 산 것밖에, 제가 먹을 때 같이 잡수시게 하고 제가 입을 때 입혀 드린 것밖에 아무것도 해 드리지 못했습니다. 애비가 그냥 외아들이 아닌 무매독신無妹獨身이었으면 제가 죄를 훨씬 덜 지었을 것 같습니다. 이 또한 못된 변명이겠지요, 애비가 어려워졌을 때 딸도 부모 부양책임을 나누어져야 마땅하다는 제 생각과 시누이들의 생각이 달랐던 것 같습니다. 아무리 참고 양보하려 해도 그 불평이 어머님께 화살 되어 날아간 일이 많았습니다.

뒤늦게 어머님 영전에 바친 사죄를 거두어 주시지요. 어머님 생전에, 마지막 가시기 전에 한 말씀만 하시지 그러셨어요. 왜 이렇게 못되게 구느냐고, 도리로는 다 해 주지만 네 마음에 품은 그 한 가지 불평이 나를 괴롭게 한다고 한 말씀만 어머님도 쏟아 놓으시지 그러셨어요. 어머님 그래도 조금이라도 제가 잘했다고 생각되어지는 구석이 있으면 그것으로 화를 푸시고 모두 용서하시고 편안히 가십시오. 모든 걱정 버리시고 훨훨 날아가십시오. 유난히 늦게 든 단풍이 황홀하게 펼치는 가을 잔치를 한껏 즐기면서 말입니다. (2006. 11.)

자랑스러운 아버지

비석을 한두 번 본 것은 아니지만 오늘 이 황산대첩비 앞에 서니 옷깃이 저절로 여며지며 숙연해진다. 고개를 숙여 묵상을 하는데 마음이 자꾸 격해지면서 목이 메어온다. 아버지가 자신의 직을 걸고 지켜내려 안간힘을 썼던 원래의 비도 사라지고 아버지의 꿈도, 큰 뜻도 모두 다 전쟁의 소용돌이 속에 하릴없이 스러져 간 것이 너무 안타까워 참았던 분노가 새삼스레 가슴을 헤집어놓는다. 용서해야지 민족이 다 당한 일인데 역사의 큰 물결이었다고 체념하고 잊어버리자, 등등의 생각으로 아픈 상처를 잊고 털어버리려 애써보지만 세월이 가도 그 핏빛 그리움은 더욱 선명해질 뿐이다. 새록새록 생각나기는 나이 들면서 더 잦고 심해지는 것 같다. 민족적 자존심을 걸고 이 비를 지켜내고자 안간힘을 썼던 아버지의 노고에도 불구하고 일제에 의해 기어이 다이나마이트로 폭파 되어 원형이 유린당했다. 파편을 맞추어 원형을 확인했으나 너무 심히 파괴되어 새 오석비로 복원되어 다시 이 자리에 우뚝 서 있으니 만감이 교차한다. 아버지의 인자한 미소가 고뇌에 찬, 그러나 다부진 입매와 떠는 듯한 눈꼬리 위에 겹쳐지며 떠오른다. 잘 자라서 예까지 찾아와 준 딸이 대견하다는 듯 등을 도닥여 주신다.

전라북도 남원시 운봉읍 화수리 344-1에 있는 황산 대첩비는 고려 말(1380년) 이성계 장군이 왜구의 침략에 맞서 싸워 적장 아지발도를 죽이고 대승을 거두어 나라를 구한 황산대첩의 전승 공적을 기려 세운 대첩 전승비이다. 이성계는 그 승전 후 전주 오목대에 들러 전주이씨 종친회가 중심이 되어 마련한 전승축하연에 참석하여 대풍가를 부름으로써 새나라 건설의 출사표를 은유적으로 밝힌다. 우여곡절을 거치기는 했지만 곧장 조선을 개국하여 태조가 되었으니 예사 승전이 아니다. 훗날 선조가 그 전승을 기리고자 이 비를 세우게 된다.(1577년) 용비어천가와 고려사의 내용을 중심으로 해서 쓰여진 이 비문은 10배가 넘는 적병을 무찔러 풍전등화 같은 고려를 왜구로부터 지켜낸 큰 공적을 적고 있다. 만약 그때 아지발도를 꺾지 못하고 패전했으면 아마 우리나라는 일본에게 완전히 유린되었을지도 모른다고 사가들은 평가하고 있다. 그는 18세밖에 안 된 어린 장수였지만 체구가 엄청나게 크고 한 끼에 한 말

밥을 먹고 황소도 한 마리를 혼자 먹어치운다는 전설을 남기고 있는 사람이다. 게다가 온몸이 철갑이어서 화살이 뚫고 들어가지 못해 힘이 장사인 그를 당해 낼 재간이 없어 병사들이 말만 들어도 벌벌 떨었다는 것이다.

이성계 장군은 남원 운봉에 도착하자마자 유난히 뾰족한 고봉산에 올라 3일간 목욕재계하고 제를 올린 후 황산에서 아지발도의 목을 쏘아 거꾸러뜨림으로써 승전의 기세를 잡는 데 성공한다. 명궁인 이성계이긴 하지만 철가면을 벗겨야 명궁의 화살이 빛을 발할 텐데 도무지 가면을 벗지 않으니 기회를 엿볼 수가 없었다. 궁리 끝에 부장 퉁두라와 역할을 나누어 한 사람이 가면을 잡아매는 가느다란 실끈을 화살로 끊고 가면이 열리는 순간 목에 화살을 꽂았다니 가히 신궁이 아니고는 꿈도 꿀 수 없는 일 아닌가? 상황이 좀 부풀려졌다고 시비할 사람이 있을지 모르겠으나 분명한 것은 골칫거리이던 왜구를 완전히 섬멸하고 전승해서 나라를 위기에서 구했다는 사실이다. 이런 내용을 칭송하는 전승비이니 일본인들에게는 심히 보기 싫고 눈엣가시 같은 존재이지 않겠는가?

일본은 우리나라를 강점하고 무수히 못된 짓을 많이 했지만 특히 우리의 문화를 말살하고 민족의 얼을 완전히 밟아 죽이려고 광분했다. 특히 자신들의 패색이 짙어지기 시작하는 1940년대 전후부터는 악랄한 작태들을 구사하기 시작한다. 그 중 하나가 우리나라 전역에 퍼져 있는 수많은 척왜비들과 척왜의 상징물들을 완전히 지상에서 끌어내려는 음모였다. 이 황산대첩비는 그중에서도 한두 손가락에 꼽히는 제거 대상 최우선 순위에 들어가는 대상물이 되었다. 처음에는 은밀히 자신들의 조직을 동원하여 훼손을 시작한다. 그리고 급기야는 훼파를 강력히 종용하고 압박하면서 군수가 직접 나서서 그 일을 진행하도록 명령한다.

당시 남원 군수였던 아버지(오해건)는 그 일의 부당함을 이렇게 주장하며 설득해서 훼파를 면했다.

'역사는 흔적을 없앤다고 없어지는 것이 아니다. 아무리 형체를 없앤들 사실은 사실대로 남아 있다. 지금 결국 당신들이 승리자로서 우리나라를 차지하고 내선 일체를 외치면서 왜 쓸데없는 일을 해 가지고 민심을 잃으려 하느냐? 지금은 전쟁 중인데 국력을 모으는 일에 아무 이득도 없는 일을 왜 하려 하느냐?' 유림은 아버지에게 박수를 보내고 격려하고 후원했다. 결국 아버지의 노력으로 황산대첩비는 일단 위기를 모면하고 의연히 서 있을 수 있게 되었다. 아버지의 언변은 당할 사람이 없다는 칭송을 받아왔다지만 이때의 아버지의 고뇌를 지켜본 오빠는 자기 아버지지만 그렇게 존경스럽고 위대해 보일 수가 없었다고 회고했다.

그런 와중에 1942년 2월에 내가 세상 구경을 하게 되었고 유림은 임오 지월, (1942년 음력 동짓달)에 70인의 유림들이 아버지의 쾌거에 대한 감사와 격려의 시문을 지어 한 권의 책으로 묶어 바친다. 당시의 유림 대표 노병인 선생이 서문을 쓴 이 책은 전쟁 중에 없어졌는지 원본을 찾을 수 없어 아쉬움을 남기고 있으나 그 서문과 단 한 분의 유림이 쓴 시 한 수가 남아 있다. 이 황산대첩비뿐만아니라 만인의총을 비롯한 남원 군내의 여러 척왜 시설과 민족문화유산에 대한 일제의 온갖 훼손 작업에 군수가 엄히 꾸짖어 지켜 내려오고 있음을 노병인 선생은 그 서문에서 밝히면서 칭송하고 있다. 훗날 여원재에 아버지의 송덕비도 세웠다는데 6 · 25때 폭격으로 파손되어 땅에 묻혀있다고 전해지고 있다. 그 책의 남은 자료들의 복사본을 오빠는 내게 전하고 세상을 떴다. 글을 쓰는 네가 아버지의 기록을 정리해서 꼭 책을 내 드리라는 유언을 이제야 실행에 옮기려고 본격적인 준비를 시작했다. 아버지는 그 일과 다른 몇 가지 일제 비협조의 행적들을 죄목(?)으로 1943년 1월 말 경에 파직 당하고 물러났다. 돌도 못 지나고 내가 남원 땅을 떠난 연유가 된 사건이다.

국사편찬 위원회가 일제강점기하의 향토사 발굴 작업의 일환으로 그런 자료들을 모은다기에 남원시의 연락을 받고 기꺼이 달려와 여기 서게 되었다. 남원시의 문화계장 최동렬 선생의 열성적인 역사탐구 노력에 경의를 표하며 아버지 생각에 눈가를 적시고 있는 하루다. 완강히 반대하는 군수를 갈아치운 일제는 1943년 8월 '남원의 유림들의 민족적 자존심이 완고하기 때문에 유림을 숙정하고 반시국적 고적을 철거하라.'며

폭파를 지시하는 공문을 내려 보내고 이어 11월에 재차 또 재촉한다. 전임 군수의 반대 때문에 새 군수도 핑계를 좀 댈 수 있어서 그랬든지 어쨌든지 이곳의 황산대첩비는 전국에서 가장 마지막으로 훼파되는 기록을 갖게 된다. 아마도 유림이 아버지의 예를 들어가며 새 군수에게도 거부하도록 압박했을 것이다. 1945년 1월 17일 드디어 다이나마이트에 대첩비는 하늘을 찌르는 통곡소리로 종언을 고한다. 1973년에야 다시 세워진 현재의 비석을 아버지는 볼 수 없었다. 그때에 아버지는 이 세상 사람이었을지 아니었을지도 알 수 없다. 6·25때 납북되어 생사를 모르는 아버지가 지금은 100살이 훨씬 넘었으니 하늘에서 이 비를 보고 계실 것이다.

비석 앞에 자랑스러운 아버지와 나란히 서서 포즈를 취해본다. 어깨를 으쓱거리는 열 살 소녀가 쉰네 살 아버지의 손목을 꼬옥 잡고 해맑게 웃고 있다. (2013. 9.27.)

아버지의 꿈

누구에게나 꿈이 있다. 꿈을 꾼다는 것은 인간만이 가진 특권이기도 하다. 동물에게는 인간이 가진 여러 가지 본능이 거의 다 있지만 꿈을 꾸는 현상은 일어나지 않는다고 한다. 그런 생물학적인 의미의 꿈도 없을 뿐더러 더 중요한 것은 인간처럼 자기 미래에 대한 기대나 꿈이 존재할 수 없다는 것이다.

새해라고 설이라고 야단들이고 올해는 더욱 더 청마의 해라고 큰 꿈들을 말하며 흥분하고 있다. 너는 무슨 꿈을 꾸고 있느냐? 얼른 대답이 나오지 않는다. 아직 내게 꿈이 있는가? 아니 꿈을 꾸어도 되는 것일까? 옛날 같으면 태반은 이미 저세상 사람이거나 명이 길어 살아 있다 해도 극노인이 되어 뒷방이나 지킬 나이가 되었는데 세상이 좋아져서 아직 명을 부지하고 있을 뿐더러 아직도 팔팔한 척 활개를 치고 다닐 뿐이다. 일을 하는 데 아무 지장을 줄 것 같지 않은데 세상은 늙었다고 아예 뒤로 제쳐놓고 거들떠보려 하지도 않는다.

게다가 늙은이 대하는 데도 남존여비의 벽은 높다. 남성의 경우는 그 경력이나 경륜 등을 존중해서 중요한 일을 맡기는 경우도 있으나 여성에게는 인색하기 그지없다. 남성들이 여성을 그렇게 보는 것은 말할 것도 없을 뿐만 아니라 여성들 사이에서 노인 기피현상이 더 두드러져 보이는 것은 기막힌 일이다. 이 역시 여성들의 파이 접시가 아직 매우 작기 때문이다. 선배들의 경륜이나 경력들 때문에 자칫 자기들의 몫을 빼앗길까봐 전전긍긍하는 모습은 우습게 보이다가도 애처로워 보이기까지 한다. 눈 깜짝할 사이에 자신들이 바로 이 자리에 오게 될 것임을 모르는 근시안이 그렇게 보이는 것이다. 어서 세상이 더 발전해서 지금의 주인공 여성들이 우리 나이가 되었을 때는 우리처럼 홀대받는 일이 없어지기만 바랄 뿐이다.

꿈은 무엇이던가? 아름다운 것이기도 하지만 허황된 것이기도 한 것이 꿈의 정체라 하면 너무 삭막한 말이 되려는지 몰라도 실현 가능성이 적은 일을 우리는 곧잘 꿈이라고 말한다. 그러면서도 젊은이들에게 꿈을 가지라고 하는 것을 보면 잠재의식 속에서 우리는 좋은 의미의 꿈을 생각하고 사는 것이다. 꿈에 색깔이 있다면 아마 무지개색일 것이다. 누구에게나 꿈은 아름답고 현란하지 않을까?

액자 속 아버지가 빙긋이 웃으신다. 그래 저 어른의 꿈은 무엇이었을까? 자신의 역량을 마음껏 펼쳐서 무엇인지 큰일을 하고 싶은 것이 꿈이었을 게다. 6·25로 무참히 꺾였을 그 꿈의 정체가 왜 궁금해지는 건지 잘 모르겠다. 아마도 아버지 말년의 꿈은 나와 엄마 얼굴을 단 한번이라도 만져보고 싶은 것이었을 것 같다. 그 소박한 꿈을 앗아간 죄인. 천벌을 받아 마땅하리라.

소금광산, 어둠에서 살다 어둠으로 사라져

오늘 아침 소금 맛은 예사롭지가 않다. 여행 중에 아침마다 계란에 찍어먹던 그 소금과 같은 것인데 기분이 다를 뿐이다. 이것이 암염인지 바다 소금인지 알길 없지만 기분이 묘해지며 그 맛을 음미하고 있는 것이다. 오늘 일정이 소금광산에 가게 되어있기 때문이다. 삼면이 바다라서 우리 바다 소금으로 원 없이 골라가며 소금을 먹고 사는 우리에게는 생소한 이름이다. 듣기는 했지만 직접 찾아나서는 기분은 호기심에 들뜰 수밖에 없다.

공간이 없어서인지 내려갈 때는 엘리베이터가 없어서 150미터를 땅속으로 걸어 내려가야 한다니 다리가 은근히 걱정된다, 심하진 않지만 나이를 기억하라는 듯 가끔씩 가벼운 데모를 하는 무릎이 여간 신경 쓰이는 게 아니다. 중간에 시큰거려

내려딛기 힘들면 일행들에게 폐가 될 텐데, 부축 받고 가게 되면 여행 기분을 완전히 망치게 하는 일이니 큰일이 아닌가. 몸이나 가벼우면 그래도 좀 나으련만 코끼리 4촌이니 더더욱 걱정이다. 포기할까? 아니야, 언제 또 와보겠어? 그래도 이만큼이라도 다리 힘이 있을 때 가봐야 해, 등등의 생각이 교차하는데 0.1초도 걸리지 않는 것 같다. 버스에서 내려 걸음을 옮기면서도 강행, 포기를 번갈아 되뇌며 입구에 섰다. 인원을 확인하고 안내원이 매표소로 향하는 걸 보고 있으면서도 머릿속은 여전히 두 갈래 생각으로 복잡하다.

할 때까지 해보는 거야, 하는 배짱과 이미 늦었잖아, 하는 핑계를 면죄부 삼아 옮기는 걸음은 어느새 계단을 밟아 내려가고 있다. 중세의 폴란드를 부국으로 만들어 준 이곳 비엘리치카 소금광산은 이제 거의 폐광이 되고 그 소금들이 다 파 먹힌 자리가 관광명소로 거듭나서 폴란드인에게 돈을 쥐여 주는 요술방망이가 된 것이다. 옛날에 소금이 귀해서 월급을 소금으로 주다보니 솔트에서 샐러리라는 말로 파생되어서 급료가 샐러리라는 서양단어로 되었다니 그 소중함을 짐작할 만하다. 동양에서도 마찬가지다. 그런데 바다가 없는 내륙 깊숙한 곳에 암염을 감춰둔 하나님의 섭리가 참 신기하지 않은가? 그것도 한두 곳이 아니라 육대주에 고르게 암염을 박아 두신 것이다.

오묘한 섭리를 곱씹으며 조심스레 계단을 내려가면서 내 입술이 저절로 달싹거려진다. 그 둔하고 게으르던 혀가 부지런히 움직이며 무사히 내려가도록 무릎이 네모하지 않게 해주시라는 기도가 봇물처럼 목젖을 밀고 올라오고 있지 않은가? 극도의 이기심이 지금 내 기도의 정체라 할 수 있다. 다급하니까 시키지도 않은 기도가 열심히 튀어나오고 있는 중이다. 아무것도 없이 외줄로 계단만 뚫려 있을 줄 알았는데 마치 건물 내부처럼 계단 옆으로 여기저기 길이 연결되어 있으면서 그 안에 무언가가 자리하고 있었다. 거대한 지하궁전이라고나 할까? 앞쪽이 약간 술렁이는 것 같더니 한 여인이 누군가의 도움을 받으며 계단 옆의 미로 같은 길로 걸어 들어간다. 50대 초반쯤의 우리 여행팀 일행이다. 폐쇄 공포증이라는 설명이다. 아, 다리보다 더 무서운 복병이 또 있었구나. 남의 일 같지 않아 가슴을 쓸어내리며 정신을 발에다 모으고 내려가는데 이제 거의 다 내려왔으니 조금만 더 힘을 내라는 안내원의 음성이 날아온다. 복음까지는 아니지만 반가움보다는 좀 더 좋은 말이 있어야 할 것 같은데 마땅한 어휘가 떠오르지 않는다. 산에 오를 때 정상이 가까웠다는 추임새보다 훨씬 반가운 말임에는 틀림이 없다. 안내되어 들어간 방은 소금을 파낸 자리라고는 도무지 믿어지지 않는 별천지이다. 폴란드인들이 추앙하는 성자의 인물상도 세워져 있는 성당들이 있는가 하면 폴란드 출신인 비오로교황이 다녀간 자리라고 기념하는 흔적들도 만들어 놓았다. 지금도 예배를 드리고 있다는 거대한 성당은 소금으로 만들었다는 샹들리에가 희미한 불빛을 내뿜으며 신비롭게 걸려있는데 아무리 보아도 소금의 이미지는 찾을 길 없는 것이 모든 조형물들의 공통점이다. 그 거대한 지하공간이 모두 소금을 파낸 자리라서 온통 소금인데 전혀 실감이 나지 않는다. 소금이라면 가루만 보아 온 우리로서는 소금덩이래야 항아리에서 굳어진 작은 덩어리 정도인데다 그것도 쉽게 깨뜨려지는 것들이니 실감이 안 나는 것이 오히려 당연한 일이다.

경건한 교회와 어울리지 않는 말의 조각상이 눈길을 끈다. 웬 말인가 했더니 이 광산에서 평생을 봉사하다 죽어간 말들을 추모하여 세웠다는 설명이다. 소금을 캐고 정제하고 나르는 일들을 사람의 힘으로 하다가 말의 힘을 빌리고 싶어졌는데 덩치가 큰 말을 들여올 재간이 없었다. 궁리 끝에 망아지를 들여다가 그 안에서 키워서 일생을 부려먹고 죽으면 광산 구석에 버렸다. 거기서 더 꾀가 생겨 아예 말들을 그 안에서 교배시켜 새끼를 받아 키워서 일을 시켰다. 처음에 들어온 망아지들은 어려서나마 바깥세상의 맛을 좀 보고 죽었지만 나중의 말들은 암흑 속에서 태어나 이 세상 구경도 못 해보고 생을 마쳤다니 가슴이 아려온다. 사람은 자신들이 알기라도 하고 그 안에서 살다 갔겠지만 말 못하는 짐승은 영문도 모른 채 인간의 필요와 욕망을 채우기 위한 수단으로 한 생을 암흑에서 태어나 암흑에서 마쳤다니 불덩이 같은 것이 가슴을 치밀고 올라온다. 예수님의 십자가 고난의 상도, 열두제자의 조각물도 모두 허망하다는 생각이 든다. 인간의 염치없음의 끝은 과연 어디일까? 하기야 소금 확보를 위해 전쟁을 벌일 정도의 인류역사를 생각하면 지금 이 아낙의 상념은 웃기는 일로 비칠지도 모른다. 잠시 말 앞에서 고개를 숙여 그를 조문하는 것으로 가슴속 불덩이에 물을 끼얹어본다.

하나님! 분명 이 광산 깊은 곳 소금덩이 옆에도 계셨겠지요? 인간에게 생육하고 번성하라고 축복하시며 만물을 창조하시고 다 쓰도록 주셨지만 이렇게 쓰라고 하시지는 않으셨지요? 사람도 일생을 여기서 살다 간 경우가 대부분이고 노예들인 그들은 선택의 여지가 없이 살았으니 말이나 사람이나 같은 처지인데 너는 왜 사람 아닌 말을 위해 울고 있느냐고 어디선가 소곤대는 듯하다. 사람은 도망치는 도전이라도 해 볼 수 있지만 동물은 그럴 줄 모르기에 가슴이 아픈 것을 왜 모른다고 하느냐고 허공에다 혼잣말을 날려 보내며 말 앞에서 물러섰다. 어린 망아지가 자꾸 눈에 밟히는데 예수님이 지그시 내려다보며 맞아주신다. 아무 말 없으시지만 네 마음 안다고 눈으로 말씀하신다. '그래 안다, 알아. 너는 세상 사는 동안 소금광산 망아지 같은 인생을 만들지 말고 살렴. 부디 그렇게 살다 가려무나.' 부끄러워 잠시 고개를 숙이는데 가슴이 다시 뜨거워진다. 그래 나 자신이 그 옛날 소금 광산에 말을 낳아 기르게 하고 평생을 어둠에 갇혀 일만 하다 죽게 한 사람들을 책망할 만큼 사람과 세상을 사랑하며 살았는가? 적극적으로 말을 끌어다 어둠에 처넣은 적은 없지만 다른 사람들의 삶이 어둠인지 밝음인지에 깊은 관심을 갖고 도우며 살지는 못한 것 같으니 예수님 앞에서 차마 고개를 들 수가 없다. 마치 뭐 묻은 개가 뭐 묻은 개를 나무라는 꼴인 듯싶다. 나올 때는 엘리베이터로 쉽게 올라와 매점에서 암염 한 통을 샀다. 손바닥에 조금 덜어 찍어 먹어본다. 눈물이 한 방울 떨어져 소금 맛인지 눈물 맛인지 분간키 어렵다. 눈물 젖은 빵을 먹어 본 적이 없는 여인이 이국땅 폴란드에서 눈물 젖은 소금을 자꾸 찍어먹고 서 있는 연유가 무엇이란 말인가?

(2013. 8. 20.)

밤에 열린 광화문
– 명성황후

‘1895년 10월 8일(음력 8월 20일) 궁궐에 난입한 일본인 폭도의 칼에 고종의 왕비 명성황후가 시해되어 불에 태워진 자리다.’

경복궁 북쪽 끝 구중궁궐 중에서도 가장 깊은 끝자락에 자리한 곳 옥호루터에 세워진 안내문의 요약이다. 세칭 을미사변의 전말을 전하고 있다. 그 경복궁 북쪽 담장 가까이에 있는 지금의 민속 미술관 옆 귀퉁이에 “명성황후조난지지明成皇后遭難之地”라는 조그만 표지석이 서 있고, 그 옆으로는 아직 돌의 서슬도 닳지 않은 「명성황후순국숭모비」가 자리하고 있다. 전면에는 황후의 영정이 조각되어 있고, 뒷면에는 월탄 박종화 선생의 도도한 비문이, 후대 젊은이들에게 천추의 한을 알려 부국강병의 첩경을 삼고자함을 밝히고 있다.

명성황후의 순국 84주년이 되는 1979년 10월 민간여성들 손으로 경복궁 중앙뜰에 세워졌던 순국숭모비는 청와대 앞길 개방과 함께 제자리를 찾아 옮겨 놓인 모양이다. 현재 민속 미술관 건물 옆의 자그마한 화강함 비석이, 이 자리가 명성황후의 시해장소인 옥호루 터임을 밝혀주고 있다. 단기 4287년 6월 30일에 구황실 재산사무총국에 의해 세워진 이 표지비의 '明成皇后遭難之地'(명성황후조난지지)란 전면 글씨는 당시 이승만 대통령의 친필이다. 서기 1954년 일이니 황후가 시해된 지 59년 만에 순국이 최초로 빛을 본 셈이다.

대궐의 대문인 광화문을 들어선 후에도 근정전을 거쳐 수많은 전각들을 지나 가장 안쪽 은밀한 곳 왕의 침전. 그중에서도 내밀한 왕비의 침실을 유린하면서까지 그 목숨을 가져가야 했던 일본의 속셈이야 역사가 수없이 얘기하고 전한 사실이니 알고도 남음이 있으리라. 궁중의 수비가 얼마나 허술했으면 그 깊은 침전까지 피습당하는 지경이냐고 힐책할 수도 있겠으나 한 도둑을 열 군사가 못 지킨다 했다. 수많은 병졸을 죽이고 들이닥친 일본인 폭도들은 가로막는 상궁들을 무참히 살육했다. 와중에 황급히 옷을 바꿔 입고 왕비를 가장하여 칼 앞에 목을 늘인 상궁까지 죽인 후에 의연한 왕비를 쉽게 발견한 폭도의 더러운 칼은 감히 국모의 목에 꽂히고, 치솟은 한의 피가 천장을 물들였다고 전한다. 그 현장의 재현도가 건너편 녹산鹿山 기슭에 그려져 있어 이 일원이 잔인한 역사의 무대였음을 설명하고 있다. 증거까지 없애고자 시해한 시신조차 거적에 말아 이곳 녹산에서 석유를 붓고 불에 태우는 상넨까지 소상히 그려 놓은 전각 앞에 한 떼의 관광객이 몰려온다. 뒤이어 들려오는 일본어가 메스꺼워 향원정 쪽으로 발길을 돌리는데 가슴 속 타는 분노를 알기라도 하는 듯 매미가 목이 터져라 울어댄다.

세도정치의 뿌리를 깊이 내린 외척으로부터 왕권을 견고히 하고 위엄을 갖춰 압도하겠다고 당백전까지 만들어 가며 힘겹게 중건하여 결국 자신의 정치생명까지 단축시킨 경복궁. 그 영화의 자취는 간곳 없이 조선의 몰락과 운명을 같이 했던 가엾은 대궐 경복궁. 그 대원군의 쇄국정책으로도 밀려오는 외세의 드센 파고波高를 견뎌낼 힘이 우리 조선에게는 없었던 19세기 말엽의 정치 상황을 먼저 떠올려 본다. 청나라와 아라사, 일본 3국은 각각 다른 명분을 내걸고 조선을 우방으로 삼겠노라는 달콤한 말로 접근해 왔지만 속셈은 똑같았다. 아라사는 '얼지 않는 항구'를 갖고 싶은 숙원을 풀고 싶었고, 일본은 대륙 침략의 야욕을 채우기 위해 조선을 먼저 손에 넣고 싶었고, 청나라는 자신의 속방인 양 조선을 주무르고 싶었다. 그 당시에 할 수 없이 쇄국정책을 쓴 것이지 긴 안목으로는 개화해야 함을 대원군도 익히 알고 있었노라고 분석하는 훗날의 사가들도 있긴 하지만, 그 당시로서는 대원군의 쇄국정책과 명성황후의 다변외교정책이 마찰을 빚은 것은 사실이다. 고집불통의 대원군은 거꾸러뜨릴 수 있었지만 능란한 외교술을 구사하는 여걸 왕비는 일본에게는 눈의 가시였다. 아니 자신들 국책수행의 암적 요인으로 분석되었다.

급기야 주한공사 미우라(三浦梧樓)는 일본인 폭도들을 규합하여 조직적으로 만행을 저지르고, 10년 후인 1905년의 을사조약으로 외교권 박탈, 또 그로부터 5년 후인 1910년의 강박에 의한 합방조약으로 조선의 병탐이라는 수순을 밟아 나가게 된다. 그 후 만 36년 동안 우리는 말 못할 고통과 뿌리 뽑힘의 비극의 주연으로 세월을 씹어 삼켰다. 1945년 8월 15일 일본이 무조건 항복으로 제2차 세계대전의 패전국이 되는 날 슬픈 무대는 막을 내렸다.

을미년 바로 그 밤에 기묘하게도 대원군을 앞세워 열려졌던 광화문. 헐려 짓는 수모를 당하면서 제자리도 못 찾고 모양새만 옛것일 뿐 콘크리트 덩어리로 지어진 어쭙잖은 몰골의 광화문. 그래도 너는 그 밤의 진실을 알 터이니 말해보라. 속 시원히. 광화문을 짓누르듯 서 있는 구총독부 건물을 헐고자 첨탑을 잘라낸다고 뜰이 어수선하다. 철거를 놓고 옳으니 그르니 갑론을박하던 소리를 뒤로 하고 광복 50주년이 되는 이번 광복절에 상징적으로 첨탑을 끌어내려 놓는다니, 우연인지 금년이 명성황후를 시해한 지 100년이 되는 해이다.

외척의 세도를 막고자 한미한 집안을 고르고 골라 아버지를 여윈, 그것도 자신의 처가 쪽에서 믿거라 하고 간택한 며느리

왕비 민씨는 지나치게 영특했다. 왕비가 된 후로는 춘추좌전을 읽어 정치력을 배가했고, 타고난 지략은 뛰어났다. 먼 나라를 끌어들여 가까운 나라를 견제하며 여러 나라와 균등한 외교관계를 펴나감으로써 열강들 틈바구니에서 작은 나라가 살아갈 수 있는 능란한 다변외교의 구사로 국제정치무대를 긴장시켰다. 정책의 이견과, 다소곳한 아녀자를 바랐던 사신의 선택이 빗나갔음에 대한 당혹감으로 부딪치기 시작하던 마찰이 드디어는 정적의 처참한 반목상황을 드러내게 되고 말았다. 일본의 꼬드김으로 다른 명분을 들고, 아들인 고종의 배알을 청하며 그 밤에 광화문을 열었던 대원군. 열린 문을 쉽게 밀고 들어간 폭도들. 아무리 며느리가 미운들 그런 만행의 앞잡이 노릇 할 시아버지가 만고에 있을까보냐. 믿자. 전혀 다른 일로 들어갔고, 까마귀 날자 배 떨어진 격이 되었노라고. 아니면 너무 슬프니까 믿고 내 마음이 악하지 못해서 상상도 안 되니까 믿자.

만행의 현장 옥호루 쪽으로 고개를 돌려본다. 북한산자락 위로 흰구름만 한가로이 걸려있다. 1995년 8월 초열흘의 해는 설핏 기울고 있다. (1995. 8.)

사랑이 죄인가요
-장희빈

낙엽이 오롯이 쏟아져 내린다. 마치 차일이 출렁거리듯 온 하늘을 휘감아 내려오는 것같이 마른 잎이 군무를 추며 내려온다. 색종이 가루를 높은 옥상에서 뿌린 듯 천지를 덮으며 낙엽의 향연이 한창이다. 입동날 나무들은 옷을 훌훌 벗는다더니 나뭇가지에 실올 하나 남기지 않겠다는 듯이 크고 작은 잎새가 다투어 줄기를 버리고 내려온다. 가을햇살에 눈이 부시어 하늘을 무대로 나래 펴는 하강무의 장관을 더 잘 볼 수 없는 것이 유감이다.

늦가을 아니 초겨울 문턱에 내 발길은 이곳을 찾곤 한다. 지금은 일산 신도시로 이어지느라 길이 넓게 뚫려버려 운치도 없어진 듯한 서오릉 숲속에 서 있다. 정문을 들어서서 가운데 홍살문을 지나 왼쪽으로 능역을 비껴지나 곧바로 올라온 곳,

익릉 옆쪽 숲이다. 5개의 능을 모시고 있는 서울 서쪽의 능이라 해서 서오능이라 부르는 이곳은 은평지역에 사는 사람들에게는 소중한 정원이요 공원이다. 얼마 전까지만 해도 버스 종점에서 걷기에 알맞은 거리에 떨어져 있어 더욱 사랑을 받던 산책로였다. 봄, 가을이면 아이들의 소풍자리로 소란스럽기도 하지만 이맘때 보통날이면 조용하고 고즈넉해 좋았다.

가장 중심점에 높게 올라앉은 능이어서 어느 임금님 능인가 궁금해 올라보니 왕비의 능침이어서 좀 의아해진다. 이름하여 익릉, 누워있는 주인공은 조선조 19대 임금 숙종의 첫 번째 왕비 인경왕후 김씨의 능이다. 광성부원군 김만기의 따님인 인경왕후는 열 살 때 세자빈으로 숙종과 결혼하여 스무 살 때 천연두로 죽을 때까지 10년을 공주 3명을 낳고 사는 동안 남편의 첫사랑 장옥정과 팽팽한 줄다리기를 하다가 끝내 그를 궁에서 쫓아내 버린 집념의 여인이다.

비록 왕자를 낳지 못했으나 임금의 첫 번째 정비로서 위엄을 갖추어 능침을 조성했고, 훗날 숙종의 간소화 정책이 발효되기 전이라 장엄한 양식으로는 조선조 마지막의 크고 화려한 능역이라고 볼 수 있다. 우뚝 올라앉은 높직한 자리, 거대한 석물 장식들을 보면서 역시 여자는 남편 앞에서 죽는 게 대복이라던 옛 어른들 말씀이 생각난다.

오른쪽으로 휘돌아 안내판을 더듬어 나아가니 입구 매표소 쪽에 와 길이 막히고 명릉이라 씌어만 있다. 인근 군부대 때문인지 더 이상 일반인이 들어갈 수는 없고, 능에 이르는 참도(능에 이르는 길)만이 외길로 뻗어 있다. 멀리서 그 지역이 보이기만 하는 명릉은 숙종과 계비 인현왕후의 쌍릉과 제2계비 인원왕후릉을 안고 있는 능역의 통칭이다. 정실왕후만 해도 3명을 거느린 숙종은 그중에서도 인현왕후와 함께 쌍으로 나란히 잠들어 있다. 14세에 계비가 되었다가 35세에 요절한 인현왕후와 또 14세에 숙종의 제2계비가 되어 숙종 승하 시까지 20년을 왕비로 지낸 인원왕후, 단 10년을 살다간 첫 번 왕비 인경왕후, 60평생 사는 동안 3취 장가까지 들어야 했던 팔자 사나운 남자 숙종이 그 세 여자를 같은 능역 안에 좌우로 거느리고 잠들어 있다니 여복이 많다고 해야 할지, 사후에도 편안키는 힘들 것 같아 불쌍하다 해야 할지 내 머리로는 얼른 답이 떠오르지 않는다.

그 유명한 장희빈과의 사투로 남편의 곁을 지키지 못했던 비운의 여인 인현왕후. 그토록 애첩에 눈이 멀어 자신을 박대하던 남편이 죽어 명부에서나마 옆에 눕는 것으로 속죄하고 한을 풀려 했다면 그 심사야 이해할 수도 있을 것 같다. 다만 먼저 죽어 누운 인현왕후의 심사가 문제다. 비록 생전에 뉘우치고 자신의 잘못을 뼈를 깎는 아픔으로 사죄하여 인현을 사랑했으나 야속하게도 그때는 아내가 기다려주지 못하고 이승을 하직했다고 하니 자신을 죽음에 이르는 병자리로 안내한 그 남편의 배신이 용서될 수 있을까? 나는 왕비 팔자가 못되어 그런지 모르겠으되 도무지 용서될 것 같지가 않다. 부부란 생전에도 젊은 날의 오붓한 추억을 밑천 삼아 노년을 살아가는 법이다. 남자란 나이가 들면 들수록 나팔꽃처럼 아내에게 휘감기려 들 정도로 의지해야 살고, 여자는 젊을 때나 남편을 해바라기처럼 바라보지, 중년만 지나면 되도록 남편과 동행조차 하기 싫어한다던 어느 노선배의 말이 귓전을 울린다. 바보스러울 만치 착했던 여자 인현왕후, 그를 두고 왈가왈부함이 불경스러운 만용이겠으나 쌍릉이 오히려 역겨워 보인다.

푸드득 나는 새가 상념을 깨운다. 발길을 돌려 반대쪽 길로 접어들었다. 바깥 찻길이 넓어지기 전에는 이 길이 첩첩산중에 드는 것 같아 대낮에도 좀 오싹할 만큼 깊고 호젓했었는데. 이제 아주 버스가 숲을 밀고 들어올 듯이 요란히 달리는 번화가가 되어 버렸다. 모퉁이 하나를 휘돌아서니 여염집 묘도 아니고 그렇다고 능침의 구도도 아닌 어정쩡한 묘소 하나가 눈에 들어온다. 대빈묘라 씌어있다. 훗날 임금(경종)의 생모라는 명분으로 추존된 장옥정의 묘소이다. 장녹수, 개시와 더불어 조선조 궁녀 삼대명물로 꼽히는 장희빈의 천년유택이다.

죄인의 몸으로 사사되어 광주군 오포면에 묻혀 있다가 십수 년 전에야 이곳에 옮겨 묻힌 이 여인, 뉘라서 이보다 더 파란만장한 생을 살았다고 장담할 수 있으랴. 이장하려고 묘를 팠을 때 붉은 피가 흥건히 고인 속에서 관을 수습해 냈다고 그곳 촌로들이 여자의 한은 오뉴월에 서리를 내린다는 말이

헛소리가 아닌 것 같다며 혀를 내둘렀다고 전한다. 죽은 후에도 원을 세워 결국 이곳 숙종의 발치까지 찾아오고야만 여자 장희빈. 후미진 곳에 묻혔으나 그곳이 사통팔달이 되어버린 지금 처음보다 묘역도 정돈되고 석물도 세워져서 조금은 모양새가 나아졌다. 사람의 팔자는 죽어서도 있는 것인가? 번잡해진 이곳과 사람의 발길도 닿을 수 없는 곳에 갇혀(?)있는 명릉을 비교해 보며 씁쓸한 웃음을 흘린다.

서오릉 안의 다른 능침들과 격이 다른 초라한 자신의 묘를 보면서 그 여인은 무슨 생각을 할까? 건너 산에 쌍릉으로 묻혀 있는 숙종과 인현을 보면서 느끼는 감회는 어떤 것일까? 한 여자로 태어나 한 남자를 목숨을 걸고 사랑했던 불같은 여자, 신분을 뛰어넘는 그의 사랑은 그 시대 제도에서 허락되었고, 아들을 등에 업고 엄청난 신분상승에 성공하지만 사랑의 독점욕과 비천한 자기 출신의 열등감이 빚어낸 과욕이라는 술에 취해 그는 너무 빨리 파국의 나락으로 뛰어내린다.

명문대가의 배경이 없는 역관의 딸인 그는 왕비의 자리를 찬탈함으로써 새로운 문벌을 만들고 사랑을 나누어 가져야 하는 현실적 고통을 해결할 수 있었다. 때에 따라 봄바람 같고 서릿발 같을 수 있는 교활함과 절대자 임금을 움직일 수 있는 지략을 짜냈던 총명한 여자 장희빈, 자신의 영달을 위해서 남의 불행을 딛고 서야 한다는 도덕적 부담 같은 것은 이미 그에겐 거추장스러울 뿐이었다.

부덕의 화신이라 할 인현왕후와 똑같은 명문대가의 딸이지만 투기를 나타낼 줄 알았던 인경왕후는 삶의 방식이 인현과 너무도 달랐다. 거기에 자신의 관리에 천재적 소질을 지녔다 할 장희빈, 이들에 둘러싸인 숙종은 자기감정의 조율에 무능한 열정의 사나이였다. 불타는 애정을 대책 없이 한곳에 쏟아 붓고, 한편으론 그 여자의 연적에게 앞장서서 비수를 꽂는 그런 남정네였다. 자신의 애첩이 저지른 죄상을 발견하고는 인현에 대한 속죄와 애첩에 대한 배신감이 어우러져 서슴없이 사랑하던 여인에게 독배를 마시게 할 수 있는 그런 단순구조(?)의 감성적 인간이었다. 이들 세 여자와 한 남자 모두가 똑같이 시대적 희생물이라는 생각이 든다.

이름 모를 산새 한 마리가 대빈묘 뒤쪽에서 날아오르더니 명릉 쪽으로 푸른 하늘에 포물선을 긋는다. 아까부터 어정거리고 있는 불청객이 꼴사나워 장옥정이 외출을 하나 보다. 명릉의 쌍릉 중간지점이 숙종과의 밀회장소나 아닌지 모를 일이다. 몸이 편하려면 신발을 크게 신고 마음이 편하려면 여자를 하나만 거느리고 살라던 옛사람의 말이 떠오른다.

목이 꺾어질 만큼 푸른 하늘을 올려다보아도 아까 그 새가 날아오는 기척이 아직은 없다. (1995. 11.)

한산섬은 아름답더이다

–성웅 이순신 장군

'신에게는 아직 열두 척의 배가 있나이다.' 차마 절망조차 할 수 없었던 선조 임금에게 올린 이순신의 장계가 뇌성처럼 커졌다가 아이를 달래는 어미의 속삭임처럼 작아졌다 하면서 귓전에 맴돈다. 통영에서 오후 1시 배를 타고 약 30분 쯤 왔을까? 부두에 내려서니 마치 호숫가에 선 기분이다. 한낮의 햇살이 한없이 빛날 뿐 과히 따갑지 않다. 바로 어제가 입추였음을 일깨워주기라도 하는 듯하다. 이순신이 이곳 한산섬에서 처음 싸울 때만 해도 형편이 괜찮은 편이었는데 왜 배 12척의 가장 어려울 때 상황이 떠오르는지 모르겠다.

셔틀버스로 우루루 몰려가는 사람들을 따라 무조건 뛰었다. 서둘러 차에 오르려다 옆 사람에게 제승당 가는 것 맞느냐 물었더니 반대쪽으로 그냥 걸어가면 된단다. 여름 휴가철이지만 평일이라 그런지 관광객은 그리 많지가 않다. 한산섬이 의례 관광객만 많이 오가리라고 막연히 생각했던 편견에 실없이 웃음이 나온다. 아까 그 많은 사람들이 관광객 아닌 주민들이었던 것이다. 붐비리라는 예상과는 반대로 고즈넉하기까지 한 분위기다. 제승당을 향해 걷는 오른쪽으로 바다를 끼고 있는 길이 그림 같이 아름답다. 여기가 한산대첩의 현장이었음이 믿어지지가 않는다. 자그마치 왜선을 70척이나 물리쳤으면 바다는 붉게 물들었을 텐데 아무리 들여다보아도 곱기만 한 저 물빛이 그랬을 것 같지가 않다.

충무문을 거쳐 제승당으로 들어서니 충무공이 살아 숨쉬는 듯하다. 임진왜란 중의 수많은 대첩의 그림들이 현장을 방불케 벽을 두르고 있다. 1592년에 충무공이 직접 창건하고 전라좌수영 행영을 설치했으니 413년의 세월이 녹아있는 곳이다. 그 이듬해인 1593년에는 이곳에 삼군 수군통제영이 설치되어 신무기인 총통 등을 만들어 보급하였다. 운주당이라 이름 하였던 그 시절 이 제승당이 오늘날의 해군작전사령관실이었던 것이다. 원균 등의 모함으로 한양으로 압송되어가기까지 약 4년 동안 이곳이 충무공의 본영이었다. 1592년 임진왜란이 터지자 왜선 30척을 격파하는 옥포해전을 시작으로 충무공 이순신의 전승신화가 이어진다. 심혈을 기울여 준비했던 거북선을 사천해전에서 처음 사용하여 적선 13척의 봉쇄에 성공하여 왜군의 발을 묶어 버린다. 나라 걱정에 잠 못 이루는 우국충정도를 뒤로하고 한산정 쪽으로 발을 옮긴다. 바다를 사이에 두고 건너편 땅위에 과녁을 세워 놓은 활터에 올라본다. 해전에 적응력을 높이기 위해 바다를 사이에 둔 자리를 활터로 정하고 연습에 열중했던 이순신 장군의 주도면밀한 기획력에 또 한 번 놀랄 뿐이다. 과녁이 왜장의 가슴도 되었다가 한양의 당상관들의 심장도 되었다가 하지는 않았을까? 잠시 고개를 갸우뚱하게 한다.

오른 쪽으로 발걸음을 옮기며 충무공의 심중을 헤아려 보는 동안 수루에 닿았다. "한산섬 달 밝은 밤에… 나의 애를 끊나니," 시조 한 가락 구성지게 들려오는 듯 하고 탁 트인 바다 위로 학 한 마리가 내려 앉은 듯 학익진(날개를 편 학 같은 형태의 군선의 진형, 적선이 꼼짝 못하고 갇혀버리는 군선 배치로 충무공의 창안전략)이 펼쳐보여진다. 함거에 실려 가는 죄인 이순신이 겹쳐지고 백의종군하며 권율과 나라를 걱정하는 초췌한 모습이 번갈아 눈앞을 어지럽힌다. 임진왜란, 정유재란 7년 전쟁 긴긴 세월을 오직 나라 걱정에만 골몰하며 출중한 전략으로 최소한의 병력을 가지고 거대 군선을 무찔러 왜군의 보급로를 완벽에 가깝게 끊어버렸던 명장 이순신, 열악한 조건과 열세의 군력으로 거대한 적을 무참하게 격파하여 번번이 상식을 뒤엎고 일본을 당혹하게 만들었던 명장, 그것만이 아니다. 덕장은 설명이 더 필요 없이 알려진 일이고, 전쟁 중에도 틈틈이 훈련을 강화해서 전투력을 높이는 데 그치지 않고 난민구제와 산업장려에까지 힘을 쓰는 등 백성의 삶을 염려하고 대책을 세워주었다. 자신의 영역침해라 생각되어 임금이 자존심 훼손의 밍싱에 사로잡힐 수도 있었을 성싶다. 전쟁의 와중에서도 1,491일이나 일기를 썼고 그 『난중일기』 중 1,029일 치를 이 한산섬에서 썼다. 그 많은 기록 속에 이상한 임금에게 불평 한 번 않고 있으니 사람이 훌륭한지 시대가 훌륭한지 알다가도 모를 일이다. 자신이 전사하는 마지막 전쟁까지 대승으로 끝맺는 불패의 명장 이순신은 세계 전사상 유례없는 군인이다. 말이 쉽지 23전 23승이 어디 믿기 쉬운 일이던가 말이다.

충무사의 영정 앞에 옷깃을 여미고 머리를 숙이는 사람들은 지금 무슨 생각들을 하고 있을까? 만약 임진왜란 때 이순신 장군이 없었더라면 그때 이 나라가 명맥을 이을 수 있었을까를 생각하며 등골이 서늘해지고 있는 것은 아닌지 모르겠다. 훗날 조선이 기울기 시작하는 1896년 통제영은 폐영되고 일제가 이 나라를 강점하고 있던 동안에는 이곳의 유적을 없애려고 혈안이 된다. 이때 이 땅의 유림들은 목숨을 걸고 똘똘 뭉쳐 유적을 지켜내었다. 승전고를 한 번 힘껏 두드리고 싶으나 보존품이니 꾸욱 참을 수밖에 없다. 숲을 이루다시피한 왜야나무 밑을 걷는 맛이 괜찮다. 처음 보는 나무라 신선한 느낌으로 바라볼 수 있어 좋은가보다. 석양으로 달리는 햇살을 받으며 느릿느릿 걸어 내려오는데 호수 같은 바다 건너편에 한산대첩비가 우뚝 서 있다. 잠시 걸음을 멈추며 저절로 머리가 숙여진다. 그곳이 한산대첩의 현장이라니 헤엄만 잘 치면 풍덩 물에 몸을 던져 건너가 보고 싶다.

살고자 하면 죽고 죽고자 하면 살리라, 워낙 유명한 말이고 만고의 진리가 되었으니 그러려니 하지만 완전히 이해했다 할 수도 없을 뿐더러 실천은 더욱 요원한 일이다. 나 같은, 그냥 아낙에게는 말이다.

전쟁터에서 적군과 싸우기보다 조정이 걸어오는 말도 안 되는 싸움에 더 괴로워했을지도 모르는 장군의 속마음을 대신 씻어주기라도 하려는 듯 사람마다 충무공의 우물에서 물 한 모금씩을 마시고 있다. 나라를 구하고 54세의 아까운 나이로 전장에서 산화한 남편의 환영을 가슴에 묻고 살았을 정경부인 방씨는 이곳에서도 철저히 그의 그늘에 꼭꼭 숨어있다. 지금 우리에게는 배가 몇 척이나 있을까? 설마 12척보다 더 적은 것은 아니리라 굳게 믿고 싶다. 반드시 살리라 믿어서 죽을 길로 가는 어리석음은 범하지 말아야 할 것을 다짐하며 한산섬을 뒤로하고 하늘을 본다.

(2004. 8.)

갈매기야 너는 아느냐?
– 연산군 · 광해군

갈매기 떼가 머리에라도 내려앉을 듯이 낮게 날며 주위를 휘감아 돈다. 배가 뜨기 전부터 모여들더니 배가 움직이자마자 기승스럽게 덤벼들어 줄곧 따라온다. 사람을 좋아해서 그러는 줄 알았더니 아니다. 그들의 관심은 먹이에 쏠려있다. 사람들이 던져주는 과자나부랭이가 표적인가 했더니 그것도 아니다. 배가 움직이면 기계가 도는 바람에 바닷물이 배 밑에서 뒤집혀 올라올 때 따라 오르는 고기들 때문에 갈매기들은 배를 호위하듯 날아오르고 있는 것이다. 유유히 날다가 갑자기 푸드득 나는가 싶더니 쏜살같이 바다에 내리꽂히는 갈매기 입에 고기가 물려 올라온다. 바로 그 옆의 갈매기가 뒤늦게 움직일 때 이미 그 고기는 나중 움직인 날쌘돌이 입속에서 녹아나고 있다. 하잘것없이 생각되는 새 한 마리의 생존경쟁이나 대단하다는 사람의 삶이나 한 꺼풀 벗기고 보면 매한가지가 아닐까? 먹이가 있는 곳에 모이기를 좋아하다가 먹고 먹히는 싸움에 휩쓸려 서로가 피를 다 쏟아버리고 죽음의 나락으로 떨어지는 것은 아닐는지. 조용한 수면 위를 드르륵거리는 굉음을 쏟아내며 배가 헤집고 나아간다. 잔잔한 물살을 가르며 고즈넉이 흘러가는 옛 유배선(?) 같은 것을 만들어 띄우면 또 다른 관광자원이 될 것 같다는 헤설픈 생각을 해본다. 지금 가고 있는 곳이 교동이어서 그런 생각이 드는지도 모르겠다. 나는 새도 떨어뜨리던 어제의 세도가가 흐르는 물결에 몸을 맡긴 채 돛단배에 앉아 있는 모습은 처연하기보다 오히려 당당함을 연상케 한다. 우리나라 역사극에서 자주 보게 되는 장면이다.

한 20분 지났을까? 섬이 손에 잡힐 듯이 누워있다. 생각보다 큰 섬이다. 배에서 내려 싣고 온 자동차를 다시 타고 한참을 달려도 논밭만 시야 가득 펼쳐져 있다. 강화도민이 3년을 먹고도 남을 만큼의 곡식을 매년 수확해 낼 수 있는 섬이 강화도라더니, 항몽 투쟁의 성지가 될 수 있었던 연유를 알만 하다. 교동, 강화도 창후리에서 또 배를 타고 건너와야 하는 섬 중의 섬이다. 요즘이야 강화육교가 완성되어 서울에서 강화를 육상으로 곧장 오니까 강화가 섬이라는 생각이 잘 안 들지만 그 전에는 바다를 건너고 또 건너와야 하니 얼마나 외진 곳인가? 이런 지리적 조건 때문에 강화도, 또 그중에서도 이 교동은 조선시대의 단골 유배지였다. 우리나라 여러 도시에서 심심찮게 마주치는 마을 이름 중 하나가 교동이다. 향교가 있던 곳에 붙여진 경우가 대부분인데 이 외진 섬에 무슨 사연이 있어 교동이란 이름이 붙여졌는지는 알 수가 없다. 아무튼 이 외진 섬에 향교가 어엿이 있었고 지금도 그 규모와 체모가 범상치 않다. 그래서 섬 이름이 아예 교동인지도 모른다.

옛날 광해군의 유배지를 수소문했더니 아미 연산군의 유배지일 것이라고 알려주는 강화 사람들의 말을 내심 믿지 않았다. 분명히 광해군의 유배지도 있을 것이라는 믿음을 갖고 오늘 길을 떠나왔다. 말만 좀 들어둔 대로 찾아들어가며 광해군의 귀양살이 하던 곳을 찾았다. 만나는 사람마다 고개를 갸우뚱거리며 광해군은 모르겠으나 연산군의 유배지는 여기가 맞다며 안내해준다. 전혀 예스럽지 않은 평범한 집을 휘돌아 들어서니 고풍스런 돌담이 막아선다. 아치형의 성곽 문을 들어서는데 가슴이 뭉클해진다. 이 먼 곳에 쫓아내 놓고도 무엇이 또 못 미더워 돌담까지 쌓았을까? 빼앗은 자의 불안, 그것은 오히려 끊임없는 쫓김이 아닐는지. 기실은 연산의 유배 후 새로 만든 문이 아니라 이미 성이 있었던 곳인데 문만 남은 것이다. 몽고군으로부터 고려를 지켜내려던 피맺힌 고려인의 응집된 힘이 거기 서 있는 것이다.

조그만 집 두서너 채 거리쯤 지났을까, 잡초만 무성한 빈터가 기다리고 있다. 잡초더미 한가운데 작은 돌 하나가 서있다. '연산군 구지지'라고 쓰인 표지석이다. 너무 작고 초라해서 당혹스런 기분으로 한참을 쳐다보았다. 그 표지석 뒤로 약간 높은 터가 있는 걸 보니 거기가 바로 연산의 유배처가 있던 자리인 모양이다. 왼편 앞쪽으로 먼 눈길이 닿는 곳에 바다가 누워 있다. 여행객에게는 좋은 풍광이라 하겠으나 갇힌 자에게는 처량하기 그지없는 서러운 조건 하나를 더 얹은 환경임에 틀림없다. 마당이었을 표지석 앞자리에 조그만 우물이 있기에 다가가 본다. 연산의 타는 목을 축여주었을 물이라도 한 모금 마셔보면 그 심사의 한 조각이나마 느껴볼까 해서이다. 두레박 걱정을 하며 내려갔더니 우물 아귀가 아예 막혀있다. 철근에 가까운 굵은 철삿줄로 얼기설기 엮어 단단히 막아 놓았다. 손닿기 힘들 정도의 깊이에 얽어 놓아서 쉽게 뜯어내기도 어렵게 해두었다. 언제쯤부터인지는 알 수 없으나 저리된 데에도 무슨 사연이 있을 성싶다. 어린애가 빠졌나? 처녀가 빠졌나?

아니다, 설마 그런 일이 벌어졌으면 아주 묻어버렸겠지, 유적이라 남기기는 해야겠고 쓰지도 않으니 안전장치를 해놓은 것이리라. 바둑판 같은 틈새로 물이라도 볼까 하고 우물 속을 열심히 들여다보았으나 아무것도 보이지 않는다. 새파란 잎새가 자꾸 시야를 가린다. 나뭇가지가 날아와 꽂혔나 했더니 그 줄기 끝이 우물 옆구리를 뚫고 들어가 있는게 아닌가? 우물 옆의 오동나무가지가 우물벽을 뚫고 들어와 ㄴ자로 누워 하늘을 향해 잎을 피워 올리고 있다. 제자리를 찾지 못하고 길을 잘못 들어 힘들게 목숨을 부지하고 있는 오동가지를 보자니 연산이 떠오른다. 제왕의 길을 제대로 가지 못하고 보통 사람과 똑같은 수준의 잔징을 앞세워 복수의 피바람을 일으킴으로써 앞날을 그르치고만 비운의 임금 연산, 파행은 파행을 낳고 한 번 실수는 한 발 또 한 발 그를 수렁 속으로 밀어넣었다. 무릎 위까지 빠진 그는 13년 만에 곤룡포를 벗어야 했다.

늘어오는 초입의 어색한 양옥집은 얼마 전 고가를 헐고 신축을 했는데 그 헐린 고가가 바로 연산을 지키기 위해 지어진 감시소였다. 그곳에서 교동 현감이 수시로 직접 묵으며 귀양살이 감시를 지휘감독했다니 연산이 무섭기는 무서웠던 모양이다. 왼편 시야에 가득 펼쳐진 바다, 외롭고 분기탱천한 그의 시선을 말없이 맞아주던 바다, 하늘을 향해 두 팔을 벌리고 광기 어린 포효를 토해내며 모래밭을 뒹굴던 연산의 모습도 훗날 예술가의 손으로 만들어 낸 영화의 한 장면에 그칠 것 같다. 그 바다엔들 겁나서 그를 놓아 내보냈을 것 같지가 않다. 천하의 자유인 연산, 속박을 어지간히도 못 참아 할머니 인수대비의 눈 밖에 났던 연산, 뜨거운 피의 사나이 연산은 여기 손수건만한 땅에서 바다를 쳐다볼 수는 있는 행운을 잡고 가끔씩 그나마 숨통을 틔웠는지도 모른다. 아니, 사면이 막힌 곳보다 더 큰 고문이 되었을지도 모를 환경이다. 18세에 임금이 되고 31세 9월에 폐위된 후 곧바로 이곳에 유배 와서 그해 11월에 죽었으니 석 달쯤 여기서 분을 토했다. 역질에 눈도 못 뜨고 불귀의 객이 되었으니 가슴의 불을 다스리지 못해 타버린 형국이다. 이곳에 묻혔다가 훗날 경기도 양주 땅(현재 서울시 방학동)으로 천장해갔다. 그래서 그런지 아직도 이곳 사람들은 연산군의 화상을 모셔놓고 제사를 지낸다. 부근당扶芹堂이다.

광해군을 찾아왔다가 연산군만 만나고 떠난다. 이 집 모퉁이를 돌아가면 또 바닷가가 나오는데 그 근처가 영창대군이 형 광해군에게 증살(방에 불을 계속 때서 쪄죽임)당한 자리라고 전해온다는 촌로는 광해군이 이리로 유배 왔다는 말은 못 들었다며 고개를 가로젓는다.

피가 피를 부르던 권력의 현장에서 부침했던 영욕의 세월을 보내다 이 섬에서 생을 마감한 사람이 한둘이 아니다. 광해는 즉위하자마자 친형 임해군을 바로 이 교동 땅으로 귀양 보내고 이어 죽음을 내린다. 폭군으로 왕위에서 쫓겨난 것은 같지만 여러 면에서 색깔이 다른 광해를 만나러 왔다가 연산의 흔적만 보고 발길을 돌린다.

광해를 못 만나 마음 심란한 것은 연산과 달리 유배생활 20년쯤 잘 버티며 천수를 다 누린(67세) 그의 저력을 훔쳐보고 싶었기 때문이다.

묵은 돌담 사이로 파릇파릇한 잎새가 산다는 것이 무엇인지 웅변하고 있다. 갈매기를 벗 삼아 돌아오는 뱃길은 마음을 한없이 가라앉게 한다. 연산일기의 기록처럼 연산은 정말 인면수심의 왕이었을까? 지는 해인 명나라와 솟는 해인 청나라 사이에서 능란한 양면외교를 펼쳤던 광해군은 어째서 인조반정을 불러들일 만큼 미련해졌을까? 갈매기야 너는 아느냐? 역사라는 병풍 뒤의 진실을.

(1999. 9.)

3부

살아야 할 이유

장마가 너무 오래 끄니까 지루해서인지 마음이 자꾸 가라앉으면서 깊은 곳으로 빠져들어가는 느낌이다. 유리창에 흘러내리는 빗물을 쳐다보다가 문득 헤밍웨이가 이해된다는 생각이 스치고 지나간다. 그래 그가 죽을 수밖에 없었을 거야. 괜히 욕할 일이 아니었던 거야. 하면서 꽤나 철이 든 자신을 발견한 듯한 흐뭇함까지 느껴진다. 자신이 과거처럼 왕성하게 일할 수 없다는 사실을 확인하는 것은 잔인한 일이다. 모르긴 해도 그 역시 지금 나처럼 자기가 할 일이 없다는 생각, 아니 꼭 이 세상에 살아남아 있어야 할 이유가 발견되지 않는 그런 허망함에서 용기를 냈는지도 모를 일이다. 나는 그런 용기도 없고 구체적으로 어떻게 해보겠다는 계획이 있는 것도 아니다. 그냥 갑자기 그가 이해되면서 그래 살아있어야 할 이유를 찾지 못하는 것은 서러운 일이라는 생각에 사로잡혀 있는 것이다.

남편이 세상을 떠난 지 반년 남짓 지나는 동안 세상이 괜히 재미 없을 뿐이었지 이렇게 살아있을 이유가 없다는 극단적인 생각까지는 들지 않았었는데 아무래도 날씨 탓인가 보다. 나보다 한 달쯤 먼저 혼자 된 선배가 정신과의사와 미리 상담을 하는 것이 좋다고 해서 만나고 왔노라며 내게도 미리 상담하라고 권할 때 대접 상 대답만 하면서 나는 달라 뭐 그렇게 약한 소리를 하나, 하고 흘려버렸다. 그런데 오늘 내 모양은 참으로 이상하다. 평소의 나답지 않아 내심 놀라지 않을 수 없다.

부부라는 것이 함께 살아가는 그 자체가 바로 행복이고 존재 이유인 것을 반쪽을 상실한 후에야 깨닫고 오열했다. 가슴이 저미도록 보고 싶고 다시 볼 수 없다는 사실이 도저히 받아들여지지 않고 예리한 칼끝이 되어 심장을 후벼 놓는다. 게다가 다른 사람은 옆에 지니고 있는데 나만 없다는 현실은 마치 어린 시절 아끼는 장난감을 빼앗긴 기분과 흡사하다. 치졸한 비유라고 할지 모르지만 당해보기 전에는 이해가 되지 않으나 사실인데 어이하랴.

우리 내외는 자살사건을 대할 때마다. 유별나게 미워하고 질타했다. 그런데 남편이 투병 끝자락에 얼마나 아팠으면 자는 나를 깨워서 그 여자가 누구냐고 물었다. 얼마 전 통증에 시달리다 못해 자살한 행복전도사 최윤희가 떠오르며 이해가 되는데 이름이 생가나지 않아 깨웠다는 것이었다. 그토록 고통스러운데 아내인 나는 아무것도 해 줄 수 없고 옆에서 잠에 취해 있었음이 얼마나 미안했던지 미안하다는 말만 되뇌며 그 밤을 밝혔다.

자살하는 사람의 마음을 알 것 같다는 남편에 이어 이제 내가 그와 같은 생각을 하고 있는 것이다. 하지만 막연한 그런 생각도 이내 하나님, 아니 이게 무슨 망발이란 말씀입니까? 죄송합니다. 제 것이 아닌, 아버지의 것인 제 목숨을 가지고 마치 제 것인 양 이러쿵저러쿵 해서 죄송합니다.

살 이유가 없다니요, 하나님이 보내셨으니 그것이 살 이유고요, 살아있을 이유가 없는 것이 아니라 아이들을 위해서 기도하는 어미로 살아야지요, 그럼요 잘 알고 있지요, 그런데 무슨 쓸데없는 소리냐고요? 글쎄 말입니다. 제가 기도하지 않아서 마귀의 속삭임이 파고 들어올 틈을 주었나봅니다. 하나님 저를 지켜주세요.

정신없이 중얼거리고 나니 마음이 좀 가벼워진다. 나도 모르게 기분이 올라갔다 내려갔다 한다. 예수를 안 믿었더라면 일 저지르기 딱 좋은 여자가 아니고 무엇이란 말인가. 옛날의 순장제도를 떠올려본다. 남편을 따라 생매장을 당해야 하는 여자의 운명, 아무리 생각해도 말이 안 되는 일인데 어떻게 그런 세상이 다 있었다는 것인지 궂은비는 속절없이 유리창만 닦아내고 있다. 마음도 저토록 열심히 닦아내고 세상에 보내신 사명이 무엇인지 깨닫는 은혜를 받고 싶다.

(2011. 7.)

그리움에 색깔이 있다면

머지않아 꽃망울이 터지기 시작하고 온 천지가 함성을 지르듯 깨어날 터인데 그 봄의 부르짖음을 들어낼 자신이 없다. 귀를 틀어막아 볼까? 광속으로라도 꽁꽁 숨어 버릴까? 매화가 남녘을 감미롭게 감싸 안고 올라 온 지는 어느새 한 달쯤 지났고 산수유가 지리산의 하늘을 덮고 지나간 것도 수일 전 일이다. 도심의 거리에는 미화원들의 손끝에서 무더기로 봄꽃이 선을 보이고 있지만 그런 것들은 별로 신선하지 않아 그냥 보고 지날 만하다. 이제 며칠 후면 목련이 하얀 향연을 벌이고 개나리가 노란 족자들을 내다 걸 것이다. 자신이 잊히기라도 하면 큰일이라는 듯이 진달래가 산야를 물들이며 분홍색 잔치판을 벌이면 온갖 꽃들이 앞다투어 피고 신록은 아기 잎새를 부지런히 틔워내며 훗날을 기약할 것이다. 벚꽃이 한바탕 온 천지를 휘감고 사람들을 불러내어 꽃길을 걷는 재미를 만끽하게 해 줄 것이다. 복사꽃 살구꽃이 나도 실까보나는 듯이 요염한 자태를 드러내면 벚꽃은 싱거워서 못 볼 지경에 이른다. 이런 봄의 향연에 어김없이 초대 되련만 그것들을 즐기기는커녕 주체할 자신이 없다.

멀쩡하다가 갑자기 입원해서 한 달 반쯤 애를 태우게 하더니 애간장 다 말려 놓고 훌훌 떠나버린 남편, 그와 더불어 이런 봄 잔치에 마흔 번이나 초대되었는데 이제 홀로 이 봄을 맞이해야 하다니 도무지 실감이 나지 않는다. 진해 벚꽃 밭에, 광양 매화 밭에, 용인 살구 밭에, 개나리 휘늘어진 남산 길에, 진달래 곱게 핀 안암캠퍼스에 이제 그가 없이 홀로 서야 하다니, 어디 그뿐인가, 렌터카를 몰며 함께 달리던 제주의 유채밭길은 지금도 눈이 시린데 사람만 흔적 없이 사라져 버렸다. 그와 함께 걸었던 진도의 갯벌은 올해 3월 보름에도 어김없이 바다길을 열어 환하게 웃고 있는데 이제 누구와 함께 그 길들을 걸어본단 말인가? 이제 방법은 딱 하나밖에 없다. 빨리 더 좋은 그의 새집에 올라가서 더 아름다울 그곳에서 거니는 것이다. 하지만 그 시간은 정하실 분이 따로 계시니 기약 없이 그리움은 가슴에 묻고 무심히 지나가는 수많은 사람들의 짝 있음을 부러워하면서 살아갈 수밖에 묘수가 없다.

요즘은 왜 그렇게도 함께 다니는 노부부들이 많은지, 여자의 수명이 훨씬 길어서 대략 10여 년 이상을 여인 홀로 살다 죽는다는 것이 통계상 평균치라는데 세상에는, 아니 내 눈에는 온통 정답게 지나가는 노부부의 모습만 가득히 비치니 서러운 일이다. 이 봄을 가슴으로 앓으며 지내다가 철쭉이 산야에 피를 토하면 붉은 침을 뱉을 것 같다. 소쩍새 우는 밤 피울음을 삼키다 못해 쓰러져 선잠이 들면 꿈길에 찾아와 손잡고 걸으려나, 꿈에조차 찾아오지 않는 매정한 사람이 왜 이렇게도 보고 싶은지 모르겠다.

그리움에 색깔이 있다면 지금의 이것은 어떤 빛깔일까? 아홉 살 때 아버지를 공산당에게 빼앗기고 난 후의 그리움은 지금도 새빨간 선혈 빛깔이라면 스물여덟 노처녀가 어머니를 졸지에 잃고 난 후의 그리움은 서러운 옥잠화 꽃 색이었다. 지금 이 노처의 그리움은 들국화의 보랏빛깔 같은 것이 아닐까 싶다. 아버지의 것처럼 격하지 않고 어머니의 것처럼 서러운 것하고는 아주 다른 야릇한 그리움의 정체를 다 알 수는 없지만 마음껏 다 해 주지 못했던 것에 대한 회한이 가슴을 아리게 한다.

아버지가 한번만 찾아와 주었으면 좋겠다고 바라는 것은 아버지를 많이 닮았다는 어머니 말씀대로 꽤 괜찮다고 칭찬 받을 것 같아 그 뺨에 볼을 부비고 싶어서일지도 모른다. 어머니가 보고 싶은 것은 이제 여인으로서의 어머니 마음을 알 것 같다는 고백을 해 드리고 싶어서이다. 이제 남편이 그립고 한번만이라도 좋으니 볼 수 있는 기회가 주어진다면 정말 그가 원하던 일들을 기쁜 마음으로 해주고 싶어서이다. 어차피 실현될 수 없기에 고운 마음씨가 총동원된 것 아니냐고 비아냥댄다 해도 할 말은 없다. 정말 그런 것인지도 모르니까. 부부가 무엇일까 생각해 본다. 지금 와 생각하니 오직 함께하는 사람인 것을, 곁에 서로 살아있는 것으로 이미 그 역할이 다 되는 관계인 것을 어찌 그렇게 바라는 것도 많고 기대치는 왜 그리도 높게 잡아놓고, 감사하고 칭찬할 줄 모른 채 네 번씩이나 변하는 강산을 제대로 못 본 채 부족하다고 자학하며 살았는지 후회막급이다.

봄꽃이 하늘 가득 꽃비를 내리는 날 가슴에 서러움의 비가 아닌 감사의 비를 준비해야겠다. 증오가 아닌 보랏빛 고운 그리움 속에 살아남도록 좋은 남편을 40년씩이나 곁에 허락하셨던 하나님께 감사의 기도를 올릴 수 있게 되기를 빌어본다. 목련 봉오리가 금세 터지려나 보다 한껏 부풀어 봉싯하다.

(2011. 3.)

그리움으로 차린 환갑상

아버지.

목이 메어 입술도 달싹거리지 못하고 가슴으로 불러봅니다. 목울대가 자꾸 켕겨서 숨을 고르기가 힘듭니다. 남들은 고운 옷 갖춰 입고 차려 올리는 환갑상 대신 어이없는 우리 부녀의 이별을 기념하는 환갑상을 붓끝으로 차려 보고 싶습니다. 향기로운 먹물 대신 60년 피맺힌 한의 눈물에 찍어 씁니다.

아버지, 어린것이야 아홉 살밖에 못 먹었으니 세상 물정 올라 그렁저렁 살았다 치더라도 아버지는 그리도 많던 할 일과 크신 포부, 원대한 꿈을 다 어찌 주체하시고 꺾여 사셨습니까? 아버지를 끌고 간 그들은 이내 엄마와 나를 이웃의 아주 작은 집 구석방 하나에 쫓아냈습니다. 우리 집은 금세 인민 위원회인지 무언지 하는 집이 되어서 보초까지 세워 그 앞에 얼씬조

차할 수 없었습니다. 그림같이 아름답던 정원도, 운동장만큼 넓었던 채마밭도 다 그들 발에 짓밟혔습니다.

집 전체가 우리 집 안방보다도 작은 것 같은 곳에 그것도 구석방 하나에 쫓겨난 엄마와 나는 그래도 행여나 하고 아버지를 기다렸답니다. 엄마는 새벽부터 아버지 소식 한 조각이라도 들어보고, 구명운동(?)을 할 데가 혹시 없을까 하고 이슬을 밟으며 집을 나섰고 철부지 어린것은 남원 할머니가 끓여주는 죽 한 그릇을 비우며 하루를 시작하곤 했습니다. 아버지가 돌아오시다가 집을 못 찾아 헤맬까봐 골목 밖에 나가 앉아 있곤 했지요. 예전처럼 사람의 왕래가 잦지도 않았지만, 목을 늘이고 기다려도 아버지는 오시지 않았습니다. '반동분자 놈의 에미나이'라며 땋아 내린 머리꼬리를 잡아당기던 인민군인지 보위부 누구인지 하는 무서운 사내도 잘 보이지 않았습니다. 아마도 아버지를 붙잡으려고 목을 지키고 있던 사람이었는지도 모르겠습니다.

성당 후문을 지키던 어린 인민군 병사도 눈에 띄지 않아서 좀 궁금했지만 사실은 성당 문 안의 먹 꽈리를 따다 달라 할 사람이 없어져서 조금 아쉬웠습니다. 나중에 생각해 보니 그 어린 병사도 낙동강으로 죽으러 갔는지 모를 일이었습니다. 비단 찢는 소리를 내며 비행기가 하늘을 가르면 지루한 기다림을 잠시 접고 골목 어귀로 걸어내려 갔습니다. 우리 집 앞을 지날 때면 심술도 나고 서럽기도 한 데다가 머리를 확 낚아챌 것 같은 공포심도 있어서 충무로 방향으로 돌아서 다니기도 했습니다.

중앙극장 앞에서 을지로 길이 아니면 지금의 백병원 앞길로 해서 명보극장 자리쯤을 지나 화원시장 근처까지 돌아다니는 것이 일과가 되다시피 했습니다. 길가의 시체도 언젠가부터는 아무렇지 않게 보게 되고 공습경보에 모두다 숨어버린 거리 한가운데로 살짝 걸어 나와서는 하늘 위의 비행기를 말끄러미 올려다보기도 했습니다. 그럴 때 조종사가 보았다면 무어라고 했을까요? 아마 궁금한 게 몹시도 많은 아이라고 생각했을 수도 있을 것 같습니다.

그러던 어느 날 사람들이 모두 뛰어나왔습니다. 서로들 얼싸안고 눈물 콧물이 범벅이 되어 뛰고 울며 웃었습니다. 밤이 되어도 그런 일을 해 볼 수 있는 행운의 여신이 엄마와 나에게는 찾아와 주지 않았습니다. 훗날 생각하기를 그날 엄마가 미치지 않고 성하게 남아 준 것이 얼마나 다행이었나 하는 것이었습니다. 백중이 오빠가 집에 왔다가 엄마한테 봉변을 당했지요. 외삼촌이 그렇게 됐는데 어디 가서 있다가 혼자만 살아서 왔느냐는 것이 엄마를 미친 사람처럼 날뛰게 만든 죄목이었습니다. 9 · 28 서울 수복을 서럽게 맞아야 했던 어린 날의 기억입니다.

다시 학교에 가고 엄마는 아버지의 흔적이라도 찾는다고 날마다 새벽같이 나가고 나중에는 같은 처지의 사람들끼리 모여서 시체라도 찾는다고 헤매고 다녀서 엄마 얼굴을 구경할 수가 없을 지경이었습니다. 38선을 시원하게 밀고 올라가던 국군이 압록강까지 갔다기에 아버지를 만날 수 있나보다 했더니 중공군이 인해전술로 새까맣게 밀고 내려와서 전세가 바뀌었답니다. 사람들은 다시 피난 짐을 싸고 일찌 남행을 시작했습니다. 여름에 놀란 가슴들이라 겨울 난리라고 말들 하는 피난행렬은 사실 11월쯤부터 서울을 떠나기 시작한 것이지요. 우리도 외할머니가 트럭 3대를 갖고 올라오셔서 엄마에게 내려가자고 달랬으나 엄마는 세 식구 살러 왔다가 두 식구만 살아서 내려갈 수 없으니 공산당이 내려오면 아버지를 만나서 함께 죽든 살든 하겠다며 목 놓아 우는 바람에 외할머니는 부둥켜안고 우는 일 이외에 어떤 말로도 엄마를 움직일 수 없었습니다. 여러 날 권유했으나 엄마는 막무가내였습니다. 할 수 없이 외할머니는 외삼촌댁 가족만 데리고 내려가셨습니다.

1950년 12월 29일 엄마는 온 동네에 피난 명령이 내려졌는데 자신만 연락을 못 받은 사실을 뒤늦게 알고 분노에 떨었습니다. 사람 없어졌다고 자기를 무시하고 연락도 안 해줘 죽으라고 한 것이라고 펄펄 뛰었습니다. 반장을 맡아보던 박씨 댁에서 완강하게 서울에 남겠다는 엄마의 상처를 건드리지 않으려고 배려한 것이 엄마의 오기를 건드린 것이지요 아무튼 우리는 그 분노 덕택에 이버지 친구 분의 도움으로 체신부의 마지막 열차를 타고 아주 편한 피난길에 올랐습니다.

휴전이 되고 포로가 교환되어도 민간인들에 대한 문제는 제대로 논의조차 된바 없는 희귀한 전쟁사의 희생양이 된 가엾은 엄마는 19년을 하루같이 아버지를 기다리며 밥을 퍼서 담아놓기를 낙으로 삼는 그런 세월을 살다가 10월 초하루 국군의 날 저녁에 홀연히 한을 접었습니다. 국군의 함성에 실려 북녘 땅까지 날아가 보고 싶었는지 어쨌는지 국군의 날 에어쇼가 한강을 뒤덮던 그날 가셨습니다.

지금이야 두 분이 실컷 만나셨겠지만 아버지는 그동안 어떻게 지나셨습니까? 북쪽까지 끌려가셔서 천수를 누리도록 고생을 하고 가신 것인지 서울에서 아예 이승을 떠나신 것을 우리만 모르고 헛되게 기다린 건지 알아봐야 아무 소용없지만 그런 소식이라도 알면 한이 조금은 스러질 것 같습니다. 저는 아버지를 부르는 아이들 목소리가 가슴 저미도록 부러웠지만 엄마가 안쓰러워서 아버지 생각 같은 건 하나도 안 나는 아이처럼 씩씩한 척하면서 살았습니다. 엄마가 떠나실 때도 하도 기가 막히니까 울음도 제대로 안 나오는, 그런 속에서 속으로 울었습니다. 사람들이 애써 보내는 위로와 염려가 동정 같아서 더 태연하려 애썼습니다.

아버지가 안 계시다는 것이 얼마나 불쌍한 것인지 너무도 잘 알기에 초라해 보이고 싶지 않았습니다. 아버지의 기대에 어긋나지 않는 딸이 되려고, 원하는 딸의 모습을 보여 드리려고 열심히 공부해서 법과대학에도 갔는데 아버지가 못 하신

고등 고시 합격은 저도 못 했습니다. 죄송합니다. 엄마에게도 그 점이 제일 미안합니다. 이 정도 보고서라면 선후 60년 환갑상으로는 그런대로 된 것 같습니다. 눈물이 나서 중앙극장 근처에도 못 가던 제가 이제 그 근처의 냉면집에 가서 흔연하게 냉면 한 그릇을 비우고 나와도 별 생각이 없는 둔한 아낙이 되었습니다.

아버지 손을 잡고 올라가던 목멱은 버스를 타고 오르내리며 그냥 있는 대로만 보고 즐기는 정도로 심상해질 수 있게 되었습니다. 허리띠는 아직도 안 풀리고 거기서 내려다보면 우리 집은 없어지고 영락교회 선교관이 그 자리에 우뚝 서 있습니다. 그래서 옛집에 대한 한도 풀렸습니다. 아이들이 왔나봅니다. 문밖이 왁자지껄 하니 말입니다. 뵈올 날까지 편안히 계십시오. 아버지….

(2010. 6.)

짝은 너만 좋은 줄 아니

이 세상에 짝이 있는 것도 있고 없는 것도 있을지는 모르겠으나 어지간한 것은 모두 짝이 있고 그것이 세상을 영원하게 이어 가게 하는 근원이 아닌가 한다. 사람만 그런 것이 아니라 동물은 말할 것도 없고 식물도 암수의 조화 속에 번식해 나간다. 동물은 움직이는 것이니 저희들이 짝을 찾아 나서지만 식물은 움직이지 못하니 벌 나비든 바람이든 외부의 매개체에 의해서 암수가 만나 후손을 번식시키며 종족을 이어간다. 그 과정에서 보이지 않지만 그들은 나름대로 활기를 띠며 살아가고 있는 것이다. 창조주는 무슨 생각에서 이렇게 다양한 방법으로 번식의 수단을 여러 가지로 만드셨는지 모르지만 참 재미있지 않은가? 한 꽃송이 속에 암술 수술이 있어도 그것이 스스로 흔들려서 교배되기보다는 벌 나비가 이리저리 옮겨 앉으면서 그 작은 발 끝에 그 가루들을 묻혀서 그 식물의 번식을 돕는다. 바람에 의한 것도 멀리 멀리 날아가게 만드는 것이 대부분이지만 그중에는 멀리 못가는 것이 있어 암수 나무가 가까이서 마주 보아야 번식하게 만든 것은 아무리 생각해도 기이하고 장난스러운 일이라는 생각이 든다.

창밖의 은행나무가 한껏 왕성한 푸른 차일을 펼치고 있다. 때마침 불어오는 바람에 흔들리니 마치 파도치는 녹색 바다가 누워 있는 것 같다. 더운 바람을 아랑곳하지 않고 밖으로 나와 은행나무 밑에 섰다. 하늘로 쭉쭉 뻗은 수나무와 양팔을 기도하듯 옆으로 벌여 마치 하늘을 떠받치는 몸짓마냥 하늘을 감싸듯이 받쳐 올린 모습을 한 암나무가 잘 섞여 늘어서 있다. 암나무의 잎사귀는 갈라진 끝이 둥글둥글하고 수나무는 뾰족하다는 것을 안 지가 불과 몇 년 전 일일 정도의 문외한이지만 은행나무는 반드시 암나무와 수나무가 마주하고 있어야 열매를 맺는다는 것만은 초등학교 때 배워 일찍부터 알고 있었다. 파란 열매들이 많이 달렸지만 잎인지 열매인지 얼른 구별되지 않는다. 열매로 하여 훨씬 풍성한 나무, 작은 은행 숲을 바라보면서 미안하고 가엾어진다. 사람들이 저 은행나무에서 은행열매를 없애는 만행을 만행인지도 모르고 아무런 죄의식도 없이 저지르려 하고 있어서이다. 대단한 연구의 산물인 양, 매우 지혜로운 아이디어인 양 자랑스레 발표하는 모양이 가관이다.

은행나무는 그 잎이 가을이면 노랗게 물들어 늦가을까지 황홀경을 연출해 주다가 겨울을 맞아들여 우리 손에 넘겨주고 가는 낙엽의 대명사다. 그 때문인지 가로수로 사랑받는 나무이다. 그 열매인 은행은 거담작용이 강하다 하여 기관지 등에 좋다고 약재로 쓰이기도 하고 여러 음식에 고명으로 장식용으로 쓰이는 등 여러 가지 용도로 하여 크게 대접 받는 고가의 열매이다. 서울에 은행나무 가로수가 늘어나면서 거리에서 은행을 줍는 여인들을 많이 볼 수 있었다. 세상에 요새는 여자가 은행을 털었다는 말에 깜짝 놀라면 "저기 봐. 여자들이 은행을 털고 있잖아?" 은행나무를 흔들고 있는 여인을 가리키는 친구는 심상하게 중얼거리고 놀란 쪽은 실없이 웃던 광경도 이제 보기 어렵게 생겼다.

서울시는 광화문 광장 조성 때 모조리 뽑아낸 은행나무 가로수를 다시 심기로 했는데 열매가 맺지 못하도록 수나무만을 심겠다는 계획을 발표했다. 사라진 은행나무 가로수에 대한 아쉬움에서 불만을 토로하는 여론이 많아 다시 심기로 한 것은 환영할 일일 수 있으나 수나무만을 심겠다는 발표를 듣는 순간 울컥 화가 치밀었다.

병아리의 암수 감별을 연구해내서 아예 태어나자마자 수컷들은 죽여버리는 잔인한 일이 이제는 아예 관심에도 없는 일상사가 되어버린 지 오래다. 그러더니 이제는 아예 처음부터 수나무만을 심어 집단 홀아비촌을 만들겠다니 기막힌 일이 아니냐 말이다. 자신들만의 편의를 위한 이기적 교만이 언제까지,

어디까지 이르러야 인간이 창조질서의 지엄함을 깨달을 수 있을까? 짝 없이 사는 것이 얼마나 고행길인지 알기나 하고 그런 짓 들을 하려는 것인지 묻고 싶다. 나무가 무엇을 안다고 헛소리하느냐고 할지 모르지만 그 것이야말로 아무것도 모르고 하는 소리이다. 들어보라 저 은행나무들의 합성을 '짝은 너만 좋은 줄 아니?

(2013. 8. 10.)

여자가 어떻게

어린 시절 아주 많이 들었던 말 중의 하나가 여자가 어떻게라는 말이었던 것 같다. 자신의 의견만 제대로 말해도, 무슨 일을 먼저 해도, 앞장을 서도, 음식을 먼저 먹어도, 잘 참지 못해도, 희로애락의 감정을 솔직하고 강하게 나타내도, 그 말이 날아왔고 그 경우를 일일이 예로 다 들기 힘들 정도로 거의 매사에 따라다니던 말이었다. 여자는 언제나 그늘에 있어야 했고 영원한 2인자여야 했다. 그러던 일들이 점점 고쳐져 가는 추세였지만 생활 속에 깊이 박힌 뿌리로 해서 여자들은 많은 괴로움을 아직도 참고 지내는 형편이었는데 2012년 12월 19일 그 잔재가 완전히 뿌리 뽑혀나갔다. 이 나라 여자들에게는 꿈에도 잊을 수 없는 역사적인 날이 된 것이다. 대한민국 헌정사상 첫 여성 대통령이 탄생된 기막힌 날이.

우리는 이미 신라 시대에 선덕여왕을 시작으로 해서 진덕, 진성까지 3명의 여왕을 가졌던 나라이다. 일찍이 1300년 전에 여성 리더십을 이미 경험했다는 얘기다. 선덕여왕은 삼국통일의 기반을 닦았으며 김유신 같은 명장을 알아보고 중용할 줄 아는 능력을 가진 탁월한 명군주였다. 국민을 싸안고 보듬어 안은 따뜻한 리더십을 역사는 기록하고 있다. 고려시대에 와서 가부장제의 심화로 여왕은 더 이상 나오지 못했지만 우리는 성공적인 여성 리더십을 확인한 역사를 갖고 있는 것이다. 이런 유산은 오늘의 훌륭한 자산이 된다. 5년 후 많은 사람들이 좀더 일찍 여성 대통령을 뽑을 걸 그랬다는 흐뭇한 평가가 나오리라는 기대를 가지면서 자꾸 어깨가 으쓱거려진다.

선거당일 출구조사의 통계에 의하면 여성들의 박근혜 후보에 대한 투표율이 남성보다 높게 나타났다. 이것은 매우 중요한 의미를 갖고 있다. 여성이 여성을 지지하지 않는다는 그동안의 망령을 말끔히 몰아내 주었기 때문이다. 더 놀라운 것은 이번 대선 때는 남성 정치인들이 먼저 여성 대통령을 만들어내자고 목소리를 높였다는 사실이다. 국회의원 선거에 여성지역구공천 30% 의무화를 법제화해야 한다는 여성계의 할당제 주장에 대해 말도 안 되는 소리라는 볼멘소리를 하며 거들떠도 안 보던 그 남성 정치인들이 진지하게 여성들이 이제 여성 대통령을 만들어내야 할 것 아니냐고 하는 것을 보면서 감동보다는 매우 낯설었던 것이 겨우 반 년 전 일이다. 세상은 오래 살고 볼 일이다. 이제 한나라의 대통령이, 우리 손으로 직접 뽑은 이 나라의 최고 통치자가 여성이 되었으니 더 이상 '여자가 어떻게' 라는 말은 듣지 않고 살게 될 것 같다. 오직 자신의 실력과 능력에 의해서만 모든 일이 결정되는 기회균등의 세상이 여성들에게도 찾아와 줄 것 같은 희망이 보이게 되었다.

초등학교 졸업식 날 1등을 하고서도 남자 1등에게 도지사상을 빼앗기고 학교장상을 받고 서서 시큰둥한 기분으로 울먹이던 그림은 그야말로 반세기 전 유물로 박제되었으나 서운함을 이제 그만 풀어버리자. 상장도 상품도 다 잃어버렸으니 누가 안 믿어줘도 할 말은 없다. 다만 아직도 가슴 한구석에 박혀있는 어린 날의 박탈감은 가시가 빠진 후에도 자욱이 꽤 오래 남을 것 같을 정도이다. 그날 달래주던 어머니의 묘한 표정도 잊을 수 없는 영상으로 남아있다. 신혼여행을 다녀온 후 첫 출근을 했더니 내 자리는 이미 없어지고 상사는 심상한 표정으로 여자가 어떻게 결혼을 하고 직장에 나오려 하느냐고 진지하게 물었다. 당연히 계속 근무해야지 무슨 말씀이냐고 우기며 입사초기에 하던 일을 다시 하는 수모를 견디기도 했다.

그런 '어떻게'들이 일생 여성운동에 몸을 담고 살게 한 원동력이었나보다. 이제 여자가 '어떻게'가 겨우 자취를 감추기 시작하려는 정도인데 여성들은 모든 것이 다 해결된 양 착각하고 있는 부분이 너무 많아보여서 걱정이다. 안동의 어느 종택을 방문했을 때 마치 무대처럼 층층으로 되어있는 방에서 받았던 충격은 잊을 수 없다. 밥을 먹을 때 맨 위층에서부터 남자들이 서열대로 앉고 제일 밑바닥에는 여자들이 앉아 상을 받는다는 것 아닌가? 부엌문 바로 앞이었으니 여자들은 앉는 둥 마는 둥 하면서 시중을 드느라 다 식어 빠진 밥 한 술씩을 뜨고 말았으리라.

이제 여자가 '어떻게'가 아니라 그 사람이 '어떻게'가 되는 세상이다. 남자 여자 이전에 하나의 사람으로 제 몫을 단단히 하면 되는 것이다. 좀 일찍 태어나서 빛을 못 본 부분이 많지만 그래도 소리치며 일할 수는 있어서 오늘 만한 세상을 만드는데 일조했으니 손녀가 사는 세상은 많이 행복할 것 같아 흐뭇하다. 어쩌면 이제 우리도 남자 대통령 한 번 뽑아보자는 시대가 올지도 모를 일이다.

여자가 '어떻게'가 아니라 '여자가 해야지 잘하지.'가 언제나 들을 수 있는 흔한 말이 되는 세상으로 우리는 지금 빠르게 걸어 들어가고 있는 중이다.

(2013.1.)

대통령의 손가방

어떤 가방을 들고 나갈 것인가를 정하느라 잠시 머뭇거린다. 봄이 왔으니 가방이라도 좀 바꿔들어야 될 것 같아서이다. 가방이 하나밖에 없으면 이런 망설임은 없을 텐데 여러 개다 보니 생기는 일이다. 요즘엔 크고 작은 가방을 들고 다니는 남자들을 보는 일도 꽤 흔해졌지만 손가방은 역시 여자들의 전유물이라 해도 과언이 아닐 듯하다. 계절에도 너무 동떨어지면 안 되고 옷에도 맞아야 하고 중요한 모임이 있다면 그 분위기에도 조화를 이루어야 하니 여간 신경 쓰이는 일이 아닐 수 없다. 그러다 보니 바쁘다는 핑계로 아예 상황을 다 무시한 채 편한 것 하나만 줄곧 들고 다니기 일쑤다. 필요한 것을 편하게 넣고 다니기 위한 가방의 본래 목적에서 보면 아무런 문제가 없는 일이다. 우선 책이 들어가야 하니 커야 하고 넉넉하다

보니 이것저것 마구 넣어서 무겁기가 돌덩이에 가깝다. 금덩이를 넣고 다니느냐는 놀림을 받지만 어쩔 수가 없다. 좀 괜찮아 보이는 가방은 그 자체의 무게가 만만치 않으니 자연히 헝겊이나 가벼운 재질로 만든 보통 가방을 주로 들고 다닌다. 자연히 명품가방을 들고 싶은 유혹으로부터 자유로울 수 있다.

오늘은 모임이 있어 가방을 고르고 있는 중이다. 책가방을 피하고 중간 크기의 가방을 메고 집을 나선다. 작은 가방이 우아하고 예쁘긴 한데 공간이 좁아 필요한 것을 다 넣을 수 없으니 할 수 없이 둔탁해 보이지만 이 정도의 크기로 만족해야 한다. 도대체 무엇이 들어가야 하기에 여인들은 손가방을 들고 다녀야 하나? 남정네들은 빈손으로 다녀도 아무 지장 없이 잘들만 사는데 왜 여인들만 손가방을 신주 모시듯 하고 다녀야 하는 건지 모르겠다고 생각할 수도 있다. 남자들은 손가방을 몸에 붙이고 다닌다는 것을 잘 몰라서 하는 생각이다. 남자의 옷에 여러 개가 달린 호주머니가 여인의 옷에는 하나도 없는 경우가 많다. 왜 여인들은 그토록 편리한 호주머니를 활용하지 못하나? 맵시 때문이란다. 옷을 만드는 사람들이 모양을 해친다고 해서 호주머니를 만들어주지 않는 것이다. 젊어서는 호주머니가 없다는 데 대해 별로 불편을 느끼지 못했는데 나이가 들면서부터 호주머니가 있는 옷을 선호하게 되었다. 일일이 가방을 열고 교통카드를 꺼내지 않아도 되고 손전화까지 넣을 수 있다면야 금상첨화가 아닐 수 없다. 얼마 전 손가락을 다쳐 물건을 들고 다니지 말라기에 할 수 없이 작은 배낭을 메고 다니게 되었다. 젊은이들이 배낭 멘 모습은 발랄하고 좋아 보이지만 나이 든 여자가 배낭을 메면 더 늙고 초라해 보여서 아주 싫어하던 모양새였는데 하릴없이 그 주인공이 되었다. 수년 전 원로 수필가 ㄱ선생이 거북패션이라는 수필에서 현대인들은 편익을 찾고 행하다가 드디어 어른들이 아이처럼 가방까지 등에 짊어지게 되었다고 쓴 적이 있다. 바로 그 거북패션이 되고 보니 선생의 말대로 얼마나 편한지 보기 싫은 정도는 괘념치 않아도 좋을 것 같다.

이렇게 가방은 각자 필요에 따라 편리하게 쓰이면 그만인 것을 언제부터인가 명품이라는 것 때문에 심심찮게 세간의 시빗거리가 되어왔다. 연전에는 고가의 명품 가방을 들었다는 죄목(?)으로 신임 여자 장관이 약 1주일쯤을 버티다가 그예 물러나고야 마는 헤프닝을 벌인 적도 있었다. 서민들의 한 달 생활비를 훌쩍 뛰어넘는 고가라는 것이 시비의 대상이고 이런 사치성은 지도자의 덕목에 맞지 않는다는 것이 낙마의 이유였던 것으로 기억된다. 게다가 외제품이라는 것이 민심을 들끓게 한 요인 중의 하나이기도 하다. 이러다 보니 제 돈 내고 들고 다님에도 불구하고 때로는 괜히 떳떳하지 못한 것 같은 가벼운 죄책감과 함께 들고 다니는 것이 명품가방이 아니었나 싶다.

요즘에 박근혜 대통령 당선인이 든 가방이 고가라고 화제가 되어 이런저런 말들이 오가는 것 같다. 외제 명품이 아니라 국내 가방상인이 만든 작품이라는 것이 알려지자, 대통령이 그만한 가방 하나 못 들 것이 무어냐는 반론이 지배적이어서 시비가 확산되지는 않았다. 오히려 한나라의 대통령이 그런 장인의 작품을 들어줌으로써 사기도 높이고 경쟁력도 키워서 국익에 도움이 된다는 적극적 찬성론이 대세이다. 아무려나 이러는 사이 그 가방은 불티나게 팔려서 눈을 씻고 보려 해도 완전히 자취를 감춘 상태라고 떠들고 야단이다. 서류를 넣고 다니기 편해서 대통령이 자주 들었다는 이 가방은 그 주인의 필요에 충실했을 뿐이니 아주 잘 맞는 가방이었다고 생각한다. 아주 작은 가방으로 족할 자리에 서류도 없는데 대통령이 든 가방이라는 이유 하나만으로 자랑스럽게 들고 다니는 사람이 있다면 그야말로 남이 장에 가니 거름 지고 따라나서는 것과 무엇이 다르랴. 타조 가죽으로 만들었다는데 보지 않았으니 잘 알 수 없는 일이고 다만 그 용도와 모양에만 관심이 가는데 이미 없어졌다니 아무리 내게 딱 어울릴 것 같다고 생각한들 어디 구하기 쉽겠는가? 지금 있는 가방으로도 다 못 쓰고 죽을지 모르는데 욕심을 접기로 한다. 가방을 따라 들었다고 무엇이 달라지겠는가? 호박에 줄 긋는다고 수박 될 것도 아닌데….

대통령의 손가방이 화제가 되었으나 부정적인 면으로 입방아를 찧는 사람은 없었으니 그분에게 거는 기대와 사랑이 얼마나 큰지, 또 국민들의 의식 수준이 얼마큼 성숙됐는지를 보여

주는 좋은 예가 되었다 할 일이다. 5년 동안 그 손가방에서 통일과 선진국 진입이라는 문을 활짝 열어젖힐 열쇠가 나와 주기 바랄뿐이다. 그동안 나의 손가방에서는 무엇을 꺼내게 될까?

(2013. 7.)

만수옥의 깍두기

어디로 갈까? 잠시 생각하다가 집에 가는 전철을 탔다. 모처럼 일이 일찍 끝나서 점심때가 조금 지난 시간이다. 점심을 먹고 헤어지자는 일행에게 무엇하러 돈 쓰느냐, 집에 가서 먹으면 된다고 간신히 빠져나온 길이다. 안국역이라는 안내방송을 듣는 순간 마치 용수철이 튀어오르듯 번쩍하는 생각에 차에서 내렸다. 잘됐다, 오랜만에 맛있는 설렁탕 한 그릇 먹고 가자는 신통한 생각에 발걸음이 날아가듯 가볍다. 힘든지도 모르고 계단을 거뜬히 올라왔다. 헌법재판소 올라가는 방향으로 대여섯 걸음 걸으면 구수한 설렁탕집 만수옥이 반겨준다.

설설 끓는 뚝배기에 시뻘건 깍두기 국물을 붓고 썰어 놓은 파 한 숟가락을 더한 후 휘휘 저어서 첫술을 입에 넣는다. 따끈하면서 매콤 시큼한 그 맛이란 한마디로 표현하기 어렵다. 아하 소리가 절로 나는 그런 맛이다. 눈치 빠른 아주머니가 빈 깍두기 접시에 다시 소담스레 깍두기를 담아다 준다. 가끔씩 오지만 워낙 깍두기를 많이 먹으니까 알아보고 베풀어주는 배려인 것이다. 이 집은 설렁탕 맛도 좋은 데다가 이런 친절과 세심한 배려가 더 마음에 들어 그냥 지나치기 어려운 집이다. 안주인은 고령임에도 불구하고 굳건히 계산대를 지키며 손님을 일일이 응대하고 대접한다. 그뿐만이 아니다. 요즘도 새벽에 직접 나가 좋은 고기를 손수 골라와서 설렁탕을 끓인다는 것 아닌가? 정주영 회장께서 거의 매일 점심은 여기서 드셨다는 일화를 지니고 있는 전통 있는 집이다. 엷은 미소를 띠고 세심하게 손님상을 살피는 노인을 보면서 왜 정 회장이 이곳을 자주 드나들었는지 알 것 같다.

지금도 건너편 현대사옥의 수많은 회사원들의 점심밥집 노릇을 톡톡히 하고 있지만 서울 장안의 설렁탕 애호가들에게는 오늘 나처럼 일부러 찾아오는 집이다. 설렁탕은 설설 끓어서, 또는 설렁설렁 휘저어서 먹으니까, 이런 데서 자연스레 이름 붙여졌다는 이야기와 옛날 조선시대 임금님이 권농일에 직접 나와서 제를 지내고 백성들에게 큰 가마솥에 쇠고기국을 끓여 나누어 먹인 데서 비롯되었다는 설이 있다. 왕이 제를 올리던 선농단에서 유래되어 선농탕에서 발음하기 쉽게 설롱탕, 설농탕 등으로 불리게 되었다는 전설이다. 아직까지 어디 기록에 이름이 정확히 기록되었다는 말은 못 들었다. 만약 그런 것이 있다면 과문해서 모르는 것일 뿐 그 옳고 그름에 큰 의미는 없는 일이다. 맛이 있으면 그만이고 이름이야 다르게 불러도 탕은 마찬가지 탕이다. 농사일은 커녕 호미도 제대로 쥐어보지 않은 주제에 그런 의미 깊은 전설을 지닌 음식을 그저 입에 맞는다는 이유만으로 즐기고 있으니 예전 같으면 상감마마께 불경죄를 짓고 있는 셈이다.

설렁탕은 탕을 잘 끓여야 하는 것은 물론이지만 거기에 잘 익은 깍두기가 없으면 그 맛을 뽐내기 힘든 음식이다. 집에서 먹는 것보다 굵직하게 썬 시뻘건 깍두기가 한 접시 따라 나오면 설렁탕 상은 그것으로 끝이다. 수저통과 함께 소금 그릇과 파 썬 것 가득 담은 그릇 하나 으레 기본으로 미리 상에 놓여 있다. 설렁탕집 깍두기는 시큼하게 익어야 제격이고 기본 요소 중 하나였다.

대개 수저로 국물 한 모금 삼켜 그 맛을 음미한 후 파 썬 것과 소금을 넣고 뜨거운 탕을 휘휘저어 먹기 시작하는 것이 대부분이다. 나는 좀 다르다 우선 깍두기부터 한 접시 그대로 탕에 쏟아 붓는다. 일행이 있을 때는 미리 한 접시를 따로 부탁해서 그것이 나오면 그때 넣는다. 거기에다 파 썬 것 듬뿍 넣고 국물부터 마신 후 먹기 시작한다. 소금은 넣지 않는다. 깍두기를 많이 넣는데 소금까지 넣었다가는 큰일 날 것 같아서이다. 짜게 먹지 말아야 한다는 것과 시큼한 깍두기 국물로 맛을 내야 하는 두 가지 일 중 내가 택한 나름대로의 선택이다. 깊은 맛의 설렁탕 국물에 시큼한 깍두기 국물의 적당한 비율이 빚어내는 시큼 매콤한 맛의 진수를 말로는 설명이 안 된다. 그야말로 먹어봐야 아는 바로 그 맛이다. 이때 설익은 깍두기는 사절이다. 안 넣으니만 못해서 그렇다. 잘 숙성된 깍두기를 만났을 때 그 탕 국물 맛은 그야말로 환상이다.

데이트를 시작한 초기에 설렁탕집에서 이런 과정을 거쳐 맛있게 먹느라 정신없는 내 모습을 보고 '아아, 무슨 저런 여자가 있어?' 남자 술꾼보다도 더 걸찍하게 먹는 여자, 상대방도 처지도 아랑곳 않는 털털한 사람하고 결혼을 해야 할 것인지 말 것인지를 고민했다면서 남편은 놀렸다. 그때 그만두었으면 내 팔자가 필 뻔했구만 왜 그냥 계속 만났느냐고 쏘아붙이곤 했는데 이제 옆에 없으니 그런 푸념을 할 수도 없이 되었다. 요즘은 설렁탕집에 가도 그 시절 같은 고전적 깍두기를 만나기도 어려워져서 이래저래 유감이 많다. 아직은 안국역 근처의 이곳, 만수옥에서 그런 깍두기에 설렁탕다운 설렁탕을 맛볼 수 있어 그나마 다행이다. 정주영 회장이 즐겨 찾아올 만했다는 감탄을 곱씹으며 즐겨 찾는 이 집은 설렁탕 맛이 깔끔한 것이 서울 설렁탕의 맥을 잇는 집 중의 하나이다. 지금도 고기를 직접 골라 상품으로 사들여다 정성껏 끓이는 전 과정을 꼼꼼히 살피는 주인의 정성 덕에 우리는 맛있는 설렁탕을 먹을 수 있고 음식이 전통을 이어 내려가는 비결이다. 이 집 역시 수육 등의 메뉴가 준비되어 있지만 매상을 올려줄 그런 음식을 먹지 않아도 구박하지 않는다. 설렁탕 한 뚝배기만 먹고 나와도 친절하게 계산해 주는 안주인 노인의 푸근한 미소를 보며 편안히 문을 나설 수 있는 집이다.

계절에 상관없이 이곳에 들른다. 이열치열이라 했던가 삼복더위에 설렁탕 한 뚝배기 비웠을 때의 그 시원한 맛을 어떻게 표현할지 둔필이 야속스럽다. 냉면 국물은 삼킬 때뿐인데 설렁탕 국물은 마신 후 두고두고 시원하다. 무슨 모임 같은 것도 이 집에서 하자고 권유한다. 자주 먹고 싶어서이다. 살이 쪄서 삼가야 한다는 생각도 식도락이라는 임자를 만나면 맥을 못 춘다. 초간장에 찍어 먹는 수육의 부드럽고 고소한 맛은 지갑이 얇지 않은 날 선뜻 시키는 객기를 부리기에 충분한 음식이다. 음식 값이 많이 올랐다지만 만원 한 장 들고 가면 해결이니 조촐한 행복을 아직은 누릴 수 있어 좋다. 등이 서늘한 날 만수옥에 간다.

(2015. 4. 4.)

함께 있다는 것이

생각지도 않았는데 아이들이 왔다. 아직 애들이 어린 터라 명절 전에 준비하자고 며느리를 부르지 않는다. 추석이라야 송편도 사다 쓰고 예배만 드릴 거니까 음식 장만이 복잡할 것도 없다. 더구나 남편이 외아들이라 오는 사람도 없으니 우리 직계 가족만 모이면 된다. 단출하기 그지없다.

그래도 몇 가지만 하는 음식을, 쉴까봐서 되도록 늦게 하려고 저녁으로 미루어 놓았는데 갑자기 예쁜 손님들이 들이닥치니 조금은 당황스럽다. 저녁을 차려 먹이고 설거지를 한 뒤끝에 음식 몇 가지를 만들었다. 그동안에 아이들은 윷놀이에 게임에 정신없이 놀고 있다. 거들겠다는 며느리를 내일 네가 다 하라며 억지로 앉혀 놓았다.

한껏 기분 좋은 손자들의 웃음소리와 아들 내외의 껄껄거림이 몸에 부딪힐 때마다 기쁨이 넘쳐난다. 어떤 음악이 그보다 더 좋으랴. 다행히 일거리가 적어서 얼른 끝내고 부엌에서 나왔다. 모처럼 명절 전날 자고 가겠노라 가방까지 챙겨 들고 온 며느리를 불안하게 하고 싶지 않아서다.

서너 정거장 거리에 사는 애들인데 웬일로 자고 갈 생각을 했는지 기특하기 그지없다. 잠자리가 떠서 불편할 테니 그냥 가서 자고 내일 일찍 오자는 아들 말을 며느리가 막는다. 이왕 자려고 왔으니 예정대로 하자고 한다. 이불들을 모조리 꺼내고 이방 저방에 자리를 펴주는데 자꾸 입이 헤벌어진다. 알밤을 바구니 가득 안고 있는 기분이다.

사흘이 멀다 하고 보는 아이들인데 명절에 자러 왔다고 이렇게 감격하고 있다니 생각해보면 우스운 일이다. 함께 있어 준다는 것, 관심을 갖고 배려해 준다는 것, 그것이 이토록 흐뭇하고 좋은 일인 것을 왜 노모는 계신다는 자체가 머리를 무겁게 한단 말인가? 효와 불효는 백지 한 장 차이인지도 모를 일이다.

(2005. 10.)

집사님 책

"집사님 책이야!"

네 살짜리 손자가 가리키는 것은 성경책이다.

"아니 그것이 집사님 책이야, 어머나 세상에 얘 좀 봐."

너무 기가 막혀 입이 다물어지지 않았다. 그것은 성경책이고 집사님이 갖고 다니는 것 맞다고 설명해주고 집사님 책인 것을 어떻게 알았냐고 물었다. 아직 세 돌이 채 안 된 어린아이인지라 "응, 집사님 책이야, 성경책이야."라고만 연거푸 말할 뿐 딱 집어 설명하지는 못한다. "집사님이 가지고 다녔냐?"고 물으니 얼른 "응. 집사님이 갖고 다녔어."라고 기다렸다는 듯 대답하곤 흡족한 웃음으로 마감한다.

집사님 책, 그래 정말 기막힌 정답이다. 어린것 눈에 집사님이라고 불리어지는 사람들의 손에 어김없이 들려있던 책이니 집사님 책일 수밖에 다른 이름이 있을 리 만무하다. 그동안 구역장인 제 외조모를 따라 구역예배를 드리러 다닌 모양이다. 제 엄마가 직장에 간 동안 외할머니가 와서 보살펴주어 나는 일주일에 한두 번 친할미의 소임을 체면치레만 하는 정도이다. 저 아이가 아주 어릴 적에는 사돈이 도맡아 길러주었다.

오늘은 아이를 맡기로 한 요일이라 손자와 즐기고 있는 중이다. 며느리가 오늘은 좀 늦는 편이어서 아이가 어미 생각이 났던 모양이다. 포대기를 두르고 업어 달리기에 안쓰러워 애기처럼 둘러업고 포대기 속에 폭 파묻히게 해주었다. 심심해할까봐 마루를 오가고 있었다. 되지도 않은 사설을 늘어놓으며 아이 엉덩이를 다독이고 있을 때 아이가 교회 달력 그림을 보고 심상히 던진 한마디가 '집사님 책이야.'이다.

손자가 영특하게 생각되어 감격한 것이 처음의 느낌이고 뒤이어 내 머리를 친 것은 당혹감이다. 어린아이도 아는 집사님 책이 권사인 내 손에는 얼마나 자주 들려 있는가? 집사님 책보다는 할머니 책이라는 소리가 먼저 나와야 할 일 아닌가 말이다. 저 애가 왔을 때 아마 한 번도 내 손에 성경책이 들려있지 않았을 성싶다. 아이가 오기 전에는 맞을 준비에 분주하거나 시간에 늦을세라 헐레벌떡 뛰어들어오기 바쁘고 아이가 온 후에는 정신없이 쫓아다니기에 바빠 여념이 없다.

한쪽에 밀려 놓여진 성경을 펴들어 본다. 얼마 만인가? 교회에 가지고 다니는 성경은 차 안에 모셔져 있으니 이 성경은

펴본 지 꽤 여러 날 된 것 같다. 말씀을 먹어야 유지되는 성도의 생활인데 세 끼 밥은 열심히 찾아 먹으면서도 영의 양식은 안중에 없으니 한심한 일이다.

처음 교회에 나갔을 때 늦었으니 저 책을 부지런히 읽어 어서어서 예수님을 알아야 한다고 조바심을 치던 열정은 언제 식었는지 기억도 잘 나지 않는다. 시간이 없어 안달을 하면서 성경책이 나누어져 있으면 좋겠다는 내게 어떤 선배가 분책을 가르쳐 주었다. 불경스러워 보일지는 모르지만 자기도 틈틈이 읽고 싶어서 성경을 몇 장씩 뜯어 갖고 다니며 읽는다고 했다. 얼른 따라했다.

이래저래 한 서너 번쯤은 성경통독을 해내었다. 몇 해 전에 쪽복음(분책)성경이 나와서 신나게 사왔는데 그중 몇 권은 아직 내 손길을 한 번도 받지 못한 것도 있다. 무슨 자랑이어서 떠드는 것이 아니라 만천하에 고하는 것으로라도 회개를 하고 싶은 것이 지금의 심경이다.

처음 믿은 내게 우리 교구 담당이던 이 목사는 사랑의 장이니 요한복음을 먼저 읽고 4복음서를 읽은 후 가능하면 로마서를 읽어 이해할 수 있으면 아주 유익하리라 알려주었다. 나는 그분의 안내대로 읽어 나갔고 특히 로마서에 매료되어 몇 번을 연달아 읽었다. 로마서가 재미있고 너무 좋아서 신나게 읽었노라는 내게 교인들은 의아한 표정을 보였다.

훗날 로마서를 읽으며 너무 어렵고 난해하다고 느끼면서 그

때서야 그날의 성도들 표정을 이해하게 되었다.

로마서 9장의 토기장이의 비유를 읽으면서 윤회전생에 대한 불교인의 내 사상이 순식간에 깨어져 도망갔던 기억은 지금도 뜨거운 감동으로 남아 있다. 토기장이도 흙 한 덩이를 가지고 제 마음대로 그릇을 만드는데 하나님이 귀히 쓸 그릇과 천히 쓸 그릇을 뜻대로 만들 수 없겠느냐는 말씀은 정말 신선한 충격이었다. 왜 악한 사람에게 벌이 내리지 않고 더 잘되느냐, 그것은 자신의 업을 따라 사는 것이라는 윤회전생, 인과응보의 불교 교리가 맞다고 우기며 친구의 끈질긴 전도를 물리쳐 왔던 십수 년의 세월을 한꺼번에 삼키고도 남았다. 교회에 오게 된 것이 단순한 주님의 영접이었다면 성경을 읽으며 일어난 이 사건은 내게 진정한 중생의 체험이었다. 그 밤 흥분으로 잠도 안 오고 가슴 울렁거리던 환희를 어찌 내 둔필로 써나갈 수 있으랴.

다메섹의 바울이 바로 나로 여겨지고 주님 몸에 향유를 붓는 마리아가 얼마나 부러웠던지. 가룟 유다의 은 30냥은 오늘도 강하게 유혹하고 그동안 수없이 예수님을 팔고 못질한 손이 따끔거린다. 수요예배를 거르지 않으려고 퇴근길에 시간이 맞는 곳이면 차에서 내려 어느 곳이든 교회만 보이면 찾아 들어가 예배드리던 열심도 없어지고 새벽이면 성경부터 읽고 시작하던 날들도 사라져갔다. 바쁘다는 핑계로 새벽밥을 준비하는 부엌에 복음방송에 다이얼을 고정시킨 라디오 한 대가 아직

믿음을 지탱해주는 가느다란 버팀목으로 앉아 있다.

눈으로 읽는 대신 귀로 말씀을 들으며 시작하리라던 하루도 더러 걸러지는 날이 늘어간다. 하나님은 역시 눈동자처럼 지키고 계셨다. 하는 모양이 하도 안쓰러워 손자를 통해 이 저녁 일깨워 주신 것이다. 펌프에 물이 조금 남아 있을 때 깨우쳐 펌프질을 하면 물이 다시 나오지만 아주 다 빠져버린 뒤라면 새로 물을 퍼다 부어주어야만 펌프질이 시작될 수 있다. 마음 밭이 물 빠진 펌프처럼 메마르기 전에 주님은 펌프질을 하도록 재촉하고 계신 것이다.

어린 손자는 할미의 창피함을 알기라도 한다는 듯 그 다음 달력장을 펴보이라 졸라댄다. 장을 넘기자 한다는 말 "예수님이 구해주셨어."이다. 십자가 한가운데 구렁에서 신사가 내민 손을 예수님이 잡아 이끌어내는 그림이다. 그래 바로 나도 이렇게 구해주셨지. 언제부터인지 제가 잘나 교회에 다니고 있는 것으로 착각하고 살아갈 뿐이다.

손자에게 성경을 내보이며 물었다.

"이게 무슨 책이냐?"

"집사님 책, 으응 성경책이야."

"그래 맞았어. 이것은 할머니 성경책이야. 너도 어서 크면 할머니가 이런 성경책 사줄게."

손자는 책을 감싸며 환하게 웃는다.

생선가시도 아픈데

손톱 밑이 따끔하다. 생선가시에 찔린 것이다. 설거지를 하다가 말라붙은 밥풀에 찔리기도 하고 쇠 수세미에 손톱이 깔끄러워지기도 하지만 생선가시에 찔리는 경우가 제일 많다. 조그만 가시에 슬쩍 찔리는 일이건만 몸이 오싹해질 만큼 따끔하다. 손톱 밑을 파고들었을 때는 한동안 슬쩍 닿기만 해도 찔린 자리가 아프다. 어머님은 생선은 죽어서도 원수를 갚는다고 조심하라 일러 주시건만 당하고 또 당한다. 이렇게 따끔거리니까 염통 밑이 곪아 터지는 것은 모르고 손톱 밑에 가시 드는 것은 안다는 옛말이 생겨났나보다.

자신의 부주의로 찔려 놓고는 손톱 밑이 따끔거릴 때마다 속이 상한다. 누가 붙잡고 찔러서 이렇게 되었으면 한판 싸움이라도 할일이다. 고난주간인데 금식도 못하고 꼬박꼬박 세끼 밥을 차려먹다 당한 일이니 잘됐다고 비아냥거리며 TV를 켰다. 「나사렛 예수」를 방영하고 있다. 예수님의 머리에 가시면류관을 만들어 씌우고 희롱하는 장면이 나오고 있다. 작년 이맘때 천리포수목원에 갔을 때 바로 저 가시나무를 보고 전율이 느껴졌던 생각이 난다.

이집트 원산이라고 씌어있는 저 나무를 보면서 바로 내 이마를 찌르는 것 같이 생생한 아픔이 전해져오던 기억, 그냥 가시면류관이겠거니 했다가 막상 진짜 나무를 보니 눈도 가슴도 수없이 찔리며 따끔거렸다. 예수님 이마에서는 선지피가 흐르고 얼굴을 적신다. 네가 왕이냐고, 너를 구해 보라고 야유하며 조롱하고 채찍을 휘둘러댄다. 그분은 갖은 고난을 다 받고 정말 허망하게 돌아가셨다. 홀연히 3일 만에 다시 사셨지만 선택된 사람에게만 나타나셨다. 부활은 기적 이상의 일이고 기독교를 다른 모든 종교라는 것들과 구별해 내는 차별화의 극치이다. 게다가 그 덕에 나까지 살 수 있다니 어떻게 흥분하지 말란 말인가? 생각할수록 기막힌 일이고 믿기만 하면 된다니 이보다 더 큰 선물이 어디에 있겠는가?

행운이 너무 크다 보니 고난은 눈감아 버리고 부활만 눈에 보여 부활의 기쁨만을 노래하기에 바쁜 것은 아닌지 모르겠다. 고난을 묵상하고 동참해 보기는커녕 고난주간 1주일 동안 열리는 특별새벽기도회에 가는 일조차 무슨 큰 벼슬이나 하는 것처럼 유세를 떨며 다니는 꼴불견을 연출하고 있는 것은 아닌지 모를 일이다. 큰 고통 속에서 십자가의 형벌을 받으시면서도 사랑을 가르치신 예수님의 제자이기를 바라고 예수 믿는다고 코에 걸고 다니면서도 사랑의 흉내는커녕 사랑의 정의조차 제대로 모르고 산다. 손녀가 밥 수저를 직접 들고 어설프게 떠먹다가 온통 떡칠을 해놓고 말았다. 국물, 밥풀 등으로 식탁 귀퉁이가 덮이다시피 되었다. 신경질보다 웃음이 절로 나며 수저질을 다 할 수 있느냐고 너스레를 떨며 행주로 훔쳐낸다. 일을 저질러도 사랑스럽다.

시어머님이 진지를 잡수시고 일어서신 자리가 엉망이다. 식탁 밑이 밥풀에 김치 쪽에 김 부스러기에 국물에, 마치 조금씩 소꿉 상을 차려놓은 것처럼 흐트러져 떨어져 있다. 수저질이 어눌해지셨구나, 아아 참 딱한 일이다. 얼마나 잡숫기에 힘들었을까? 이렇게 생각하며 얼른 소리 없이 걸레질을 해서 말끔하게 해놓고 혹시라도 노인이 눈치채어 민망하게 되지 않도록 배려해야 되는 일 아니겠는가? 그것이 상식이고 정상이다. 그런데 안 된다 그 일이. 그 간단한 일이 쉽게 되지 않는다. 아이고 지겨워 왜 어른이 밥을 흘려 흘리길, 늙으면 애 된다는 게 바로 이런 일을 말함이었나? 내가 못살아. 정도가 정상이고 현실이다. 대개는 여기서 아이고 지겨워 내 팔자야까지 나가는 것이 보통이다. 사랑은 내리사랑이라는 말로 이런 각박함을, 불효를 정당화 시키려 한다. 남의 이야기가 아니라 바로 나 자신의 이야기다.

손톱 밑을 만져보고 이마를 만져보며 가시면류관을 떠올려 본다. 거듭난다는 말을 곱씹어본다. 사랑스러운 것만 사랑할 것이 아니라 사랑스럽지 않은 일을 사랑할 수 있는 것 이것도 중요한 거듭남이 아닐는지. 눈에 보이는 조그만 거듭남도 못하면서 부활의 옷자락은 잡고 가고 싶어서 내일도 새벽기도는 가야 할 모양이다. 그 정도로 될 일인지는 모르겠으나 그런 정도의 고생(?)이라도 해야 마음에 조금 위로를 받을 것 같다. 손톱 밑이 좀 오랫동안 따끔거렸으면 좋겠다. 그나마 낫고 나면 가시면류관도 떠올리지 못하고 천지분간 못한 채 허둥대며 세상 속으로 쓸려 다닐 테니 말이다.

(2005. 4.)

4부

고모가 없네

우리 어린 시절만 해도 고모와 함께 자라는 경우가 아주 흔했다. 물론 삼촌도 같이 자라기 일쑤지만 유독 고모는 정다운 존재였던 것 같다. 우리 아이들만 해도 막내 시누이가 함께 살면서 살갑게 굴며 아이들을 보살펴주었기에 지금도 막내고모는 우리 아이들이 쉽게 마음을 털어놓는 사람이다. 내가 외딸이라 이모가 없어서 자연스럽게 고모와 친할 수밖에 없었을지 모르니 비교는 어렵지만 요즘은 너무나 가족구조가 모계사회로 급속히 이동한 것 같다. 잇몸에 좋다는 약을 선전하는 광고의 노래를 듣다가 무언가 잘 모르겠는데 신경을 거스르게 하는 기분이 들었다. 자세히 들어보니 그 노랫말에 할아버지 할머니 아빠 엄마 삼촌 이모만 등장하지 고모가 없는 것이다.

" 할아버지 할머니 잇몸 튼튼해/ 엄마 아빠 삼촌 이모 이가 탄탄해….”

잇몸을 튼튼하게 해 준다는 약 신진을 위한 광고 노랫말로 아무 손색이 없다. 무심히 듣다가 어느 순간엔가 아니 그런데 좀 이상하다? 싶어 여러 번 유심히 들어보니 고모가 없음을 알 수 있었다. 그것이 의문의 원인임도 함께 알게 되었다. 어머니의 여자형제, 자매가 이모이고 아버지의 여자형제가 고모인 은 아직은 모르는 사람이 없다. 그런데 이대로 가다가는 고모가 누구인가 한참 생각해야 기억나는 세상이 되는 것은 아닐까? 하는 객쩍은 생각을 하게 된다.

아버지는 여섯 분의 누님과 여동생 하나를 둔 7공주 댁 외아드님이다. 게다가 나는 아버지가 마흔다섯에야 둔 딸이다 보니 고모가 일곱 분이나 되는 데다가 모두 노인들이었던 것이 어린 시절 기억이다. 어른이 된 후에도 고모 하면 할머니가 먼저 떠올랐던 것 같다. 또 한편으로는 단 한 분뿐인 오빠가 나하고는 두 띠 동갑이 되는 나이 차 때문에 나는 아주 어린 고모였다. 큰조카와 겨우 여섯 살밖에 나이 차가 나지 않는다. 좀 터울이 긴 언니 같은 경우이다. 그런데도 고모는 머릿속에 항상 늙어있었다.

이모는 단 한 분이었는데 6·25 전쟁 중에 병으로 돌아가셨다. 서울에 사는 내가 시골에 계신 이모를 단 한 번 만났는지 어쨌는지 기억이 잘 나지 않는다. 다만 사진 속에서 본 이모가 눈에 찍혀 있을 뿐이다. 어머니는 그 이모의 외동아들을 친자

식처럼 애지중지하며 우리 집에서 거의 살다시피 했다. 그것을 보면서 이모가 참 좋은 것이라는 생각만 여러 번 했다. 그러면서도 내 가슴속에는 고모가 아주 따뜻한 존재로 살아있었다. 어쩌다 우리 집에 오시는 고모님들은 언제나 내 편이었고 세상에서 제일 똑똑한 아이로 치켜세워주는 그 어른들의 칭찬과 격려는 꿀맛이었다. 시골 노인이 꼬깃꼬깃 아낀 쌈짓돈을 털어서 태극무늬가 있는 은반지를 내 손가락에 끼워주고 흡족해하시던 그 미소를 잊을 수 없다. 시골로 내려가신다는 말을 듣고는 절대로 가지 않는다고 약속하라며 손가락을 굳게 걸고 잠들었는데 깨어보니 떠나고 안 계셔서 한참을 서럽게 울던 어린 날이 어제 같다. 여섯 살 때의 일이다.

큰조카가 태어났을 때 백일쯤 되었던 모양이다. 식구들이 시골로 아이 보러 내려간다는 말을 듣고 고모가 선물을 해야 한다며 명동의 큰 상점에 데려다 달라고 졸라서 저금통의 돈으로 장난감을 사서 전했던 일은 생각날 때마다 실소를 금치 못하는 한 장의 그림이다. 나이 일곱 살의 아이가 고모 노릇을 하겠다고 거드름을 피운 것이 아니고 무엇이랴. 그 후 새언니는 아들 딸 고루 많이 낳아서 모두 3남 2녀의 자녀를 두었다. 그 당시로서는 5복에 든다는 환상적 자녀수였다. 따로 살면서 학교 다니느라 그 조카들의 출생 현장에는 거의 함께 할 수 없었지만 조카가 사랑스럽고 귀하게 생각되었다. 언니 누나하고는 좀 다른 느낌의 애정이었을 것 같은데 언니도 누나도 되어 본 적이 없는 나로서는 비교를 해 볼 수는 없는 노릇이다. 우리는 지금도 아주 친밀한 숙질간이다. 그중에서도 방학 때 집에 갔다가 출생을 지켜보게 된 막내조카는 좀 더 다른 끈끈한 정이 있는 것 같기도 하다. 조카들 덕택에 30대에 이미 할머니가 되었지만 기분 나쁘지 않았다. 아버지의 피가 흘러내렸다는 생각에 대견하고 귀여웠다.

우리 조카들에게는 이모가 두 분이나 계셔서 조카들이 그 어른들과 친하게 지냈지만 워낙 나이들이 많으셔서 마치 부모 같은 형편이다 보니 샘나거나 경쟁상대로 생각해 보지 않았다. 며느리가 세 자매의 막내딸이다 보니 젊은 이모가 둘이나 된다. 딸아이는 은근히 경쟁심이 생기는지 제 조카들에게 이모가 좋아, 고모가 좋아하고 물어서 애들을 난처하게 만들기도 했다. 따로 살기는 해도 가까이서 자주 왕래하는 덕에 손자 손녀는 제 고모와 친하지만 대부분의 아이들이 이모와 더 가깝게 지내고 또 그렇게 느끼는 것이 요즘 세태인 것 같다.

옛날에는 유복친이라 해서 상복을 입는 범위가 정해 있고 그 안에 드는 순서가 가족 간 친소의 서열이었다. 물론 성에 따라 정해지고 부계중심의 질서에서 비롯된 것이기 때문에 고모는 그 범위에 들어가는 유복친이지만 이모는 그 범위 밖이어서 아무리 각별해도 상복을 입을 수 없었다. 요즘에야 직계만 상복을 입으니 고물단지 얘기를 한다고 핀잔이나 받을 일이 되고 말았지만 말이다. 양성이 평등해야 하는 현대에 당연한 일이지만 가족의 한쪽 벽이 허물어져 나가는 것 같아 아쉬움이 드는 것은 어쩔 수 없는 일이다 고모도 잊지 말고 가까이 하고 이모도 가까이하고 이렇게 가족을 넓혀나가는 발전적 가족구조의 변화였으면 좋겠다. 가뜩이나 시누올케 사이의 갈등으로 어머니와 고모가 사이 좋기가 어렵다 보니 고모가 더 멀어지고 이모만 가까워서 제약회사가 선전을 하는 데 있어서도 이모 걱정만 한 것은 아닌지 모르겠다.

아들을 낳으면 오히려 섭섭해 한다는 세태의 변화가 어쩐지 마음을 우울하게 만들면서 '삼촌 이모 이가 탄탄해.'가 자꾸 마음에 걸린다. 고모가 없어서이다. 올 설에는 고모 댁도 이모 댁도 고루 찾아 세배를 드리느라 분주했으면 좋겠다.

(2012. 11. 23.)

네가 살면 그를 죽여

- 영화 『7번 방의 선물』

사람이 한세상 사는 동안 액운을 만나지 않고 사는 것이 얼마나 큰 행운인가를 실감나게 하는 영화 한 편을 보았다.

여섯 살 정도의 지능을 가진 청소원이 비 오는 날 앞서가던 어린 아이가 빗길에 넘어져 혼절해 있는 것을 보고 응급처치를 시도한다. 심폐소생술을 알고 있었던 것이 이 착한 사내의 운명을 졸지에 나락으로 떨어뜨리는 빌미가 될 줄을 누가 알았으랴? 아이의 입에 입을 대고 호흡을 불어넣어 소생시키려는 시도를 하는 순간, 곁을 지나가던 여인이 아동성폭행 현장인 것으로 착각하고 놀라서 달려가 신고를 한다. 그 사이 아이는 숨을 거둔다. 좀 전에 미끄러져 넘어질 때 아이는 이미 뇌진탕을 일으켰던 것이다.

좋은 일을 하려다 영문도 모른 채 성폭행범이 되어 갇히게 된 주인공은 천진할 정도로 수감생활을 잘해나간다. 죽은 아이가 경찰 고위 간부의 딸이어서 수사를 긴급히 종결하느라 방증 수사도 제대로 안 하고 얼른 이 지적장애인을 진범으로 만들어버렸다. 국선 변호인은 오히려 범인을 더 범인 되게 만들려 하고 주인공은 어린 딸 하나만 둔 사고무친이다 보니 누가 그를 위해 아무 일도 해주지 못한다. 그런 상황을 지켜보며 그의 수감생활을 관찰한 교도관이 그가 무죄라는 확신을 갖고 수사기록을 추적하며 구명을 위해 애를 쓴다.

수감생활 중에 종교 활동 중에 위문공연을 온 어린이들 중에 자신의 딸이 노래 부르는 모습을 발견한 주인공이 미칠 듯 딸을 찾는다. 이에 동료 수감자들이 아이를 몰래 빼돌려서 감방으로 데려와 숨겨놓고 같이 지내게 하는 헤프닝을 벌이는 장면이 현실성이 떨어지지만 큰 감동으로 관객의 눈시울을 적신다.

딸을 보자 살아야겠다는 집념이 생겨 그동안 교도관이 설득해온 새로운 도전, 즉 자신이 범인이 아님을 적극적으로 밝히는 일에 나서기로 결심한다.

교도관은 수사 자료를 근거로 주인공이 범인이 아님을 증명하고 감방 동료들은 그에게 법정에서의 진술과정을 철저히 연습시키는 노력을 계속한다. 지성이면 감천이라던가. 주인공은 부족한 지능이라는 한계를 뛰어 넘어 자신의 구명을 위한 일련의 계획에 잘 적응해 가서 동료들의 마음을 놓이게 한다.

재판이 가까워지자. 죽은 아이의 아버지인 경찰 고위 간부가 범인을 직접 찾아와서 만약에 범인이 아니라고 발뺌을 해서 살아나가면 대신 네 딸을 죽이겠노라고 협박한다. 자신이 살면 딸이 죽는다는 기막힌 갈림길에서 누구에게 말도 못하고 고민하던 주인공은 태연한 척 동료들을 안심시키고 법정에 선다. 모두 숨을 죽이고 심문의 마지막 답을 기다리는 사람들의 귀를 때린 것은 놀랍게도 내가 범인이라는 주인공의 청천벽력과도 같은 한마디였다. 감방에서 아빠 죽으면 안 된다는 딸의 비명을 뒤로하고 형장으로 향하는 범인의 모습이 멀어지는 것으로 화면은 바뀐다,

그 딸이 장성하여 사법연수원생이 되고 자신의 졸업 모의재판에 돌아간 아버지의 사건을 가지고 나서서 아버지의 무죄를 밝혀낸다. 비록 실제로 주인공을 살려낼 수는 없는 일이지만 많은 시사점을 던져주는 이야기다. 자신의 딸의 죽음이 억울하고 한이 맺히겠지만 사건을 뒤집으면 네 딸을 죽이겠다는 협박은 치졸하기 그지없는 인간 말종의 행동이 아니고 무엇이란 말인가? 깡패도 큰 깡패는 안 하는 짓이다. 동네 골목이나 누비는 조무래기 깡패의 수준이다. 감방에 갇힌 극한 상황의 사람들을 통해 이야기를 풀어가면서 진솔한 인간애의 면모들을 소박하게 담아내는데 세칭 바보의 순진무구한 행동을 매개로 했다는데 구성의 기발함이 돋보이는 작품이다.

어느 교회에서 새로 모셔온 담임목사의 자격시비가 일어났

는데 별 흠결 없는 목사를 일부 절차의 아주 작은 일을 빌미로 삼아 압박하다가 드디어 쫓아내는 데 성공했다. 그 대단한 일의 결말을 낸 해당 교단의 재판국이라는 데서 한 행동이 딱이 영화의 경찰고위간부, 그 사람의 것과 너무도 흡사해서 쓴웃음이 나온다. 목사의 선서를 행한 노회의 처사에는 하자가 없을 뿐더러 그런 일은 노회의 고유임무이므로 아무 문제가 없다. 이러한 판결 주문에 이어 해괴하게도 합의문이라는 것이 붙어있는데 해당 목사는 지금의 교회에서 즉각 사임하고 당해 노회 밖에서만 목회를 해야 목사자격을 인정받는다. 하고, 소를 제기한 장로는 소를 취하하라는 것이었다. 이 말을 듣는 순간 왜 어제 본 영화 「7번방의 선물」이 생각나서 가슴이 먹먹해오는지 모르겠다.

어떻게 종교인들이 이럴 수가 있느냐는 넋두리에 돌아온 대답이 더 슬프게 한다. 그러지 않아도 그 목사님 사모님을 위로하려고 「7번방의 선물」을 함께 보러 갔는데 사모님이 어찌나 우는지 민망해서 혼났다는 늙지도 젊지도 않은 권사의 일그러진 얼굴에 주인공의 얼굴이 겹쳐지나간다. 참 괜찮은 영화 한 편 보고 마음이 맑아졌다가 다시 흐림이 되어버렸다. 영화 주인공인, 억울한 그 사내에게는 문제의 그 현장이 액운의 빌미가 되었다면 곤욕을 치른 그 목사에게는 청빙의 손을 내민 문제의 교회가 액운의 빌미가 된 셈이다.

70평생 사는 동안 억울한 일들도 많이 겪었지만 이런 액운은 만나지 않고 살아온 것에 새삼 감사할 일이다. 오늘도 수없이 많은 7번방의 선물이 일어나고 있는 세상에 살고 있는 것이 아니었으면 좋겠는데 가슴은 자꾸 먹먹하기만 하다.

(2013. 4.)

그는 자유를 택했다

동네에 들어서자마자 바로 보이는 돌담 밑 밭 한쪽 끝에 아주 작은 비석들이 열병식 하듯 늘어서 있다. 이상해서 가까이 가 보니 열녀비를 모셔 놓은 것이 아닌가? 열 개쯤 되어 보이는 이 비석 군을 보면서 가슴이 멍멍하게 아파온다. 이 마을의 여인들은 남편과 행복하게 살면서도 혹시 자신이 저 돌이 되어야할 운명에 처하는 것은 아닌지 막연한 불안감에 휩싸이면서 살아가지 않았을까 하는 생각이 들어서이다. 아니 그보다도 저 돌의 주인공들이 살았을 세월이 핏방울 되어 저 돌 속에 고여 있을 것 같다는 생각에서다. 두 사람의 사랑이 깊어서 죽음이 육신을 갈라놓았을지라도 영원히 그를 마음에 품고 아무 어려움 없이 잘 살아갈 수 있는 경우에는 열녀가 되어도 좋으리라. 하지만 여인은 일부종사를 해야 한다는 도덕률 때문에 견뎌내기 어려운, 아니 전혀 견뎌내고 싶은 생각이 없음에도 불구하고 금욕해야 하는, 강요된 일편단심이 열녀라는 포장으로 위장 된다는 것은 인권유린 이외에 아무 의미도 없다.

우리 집안에 시댁에서 쫓겨난 어느 부인의 얘기를 하면서 시어머니는 그 여자가 피가 뜨거웠넌 모양이라고 설명하시던 기억이 난다. 남편 없이는 견뎌내기 힘든 여자가 따로 있으며 그런 여자는 절제하려 해도 피가 뜨거워 도를 넘을 수밖에 없다는 설명이었다. 사람은 각자 얼굴이 다르듯이 그런 면도 다를 수 있으리라. 그런 것보다 더 중요한 것은 여자는 홀로 되면 꼭 그 죽은 남편을 생각하며 그 집을 지키고 살면서 아이들 잘 기르는 것은 물론이고 시부모 형제들까지 잘 모시고 봉양해야 한다는 덕목이 문제이다. 그 선택권이 자신에게 있는 것이 아니라 이미 정해져 있는 사회규범이라는 것이 참으로 웃기는 일이 아닐 수 없다. 이제 다 옛일이 되어버린 역사 속의 유물을 가지고 뭐 그렇게 열 낼 것 없다는 생각에 무심히 돌아서려는데 좀 이상한 비석 하나에 눈길이 머무는 순간 깜짝 놀랐다. 열녀의 공덕을 기리는 간단한 비문 앞에 이름이 쪼여져 없어져 버렸다. 중대한 훼손이 아닐 수 없다. 마을 사람들에게 물어보니 외면하고 가버릴 뿐 아무도 설명을 해주려 들지 않는다. 겨우 한 노파로부터 들은 말은 없애야 할 만하니까 없애지 않았겠느냐는 것이다. 명답이다.

그 돌의 주인공은 훼절을 해서 쫓겨나고 비석은 주인의 이름을 쪼아서 파내는 수모를 겪은 후에 그 집 헛간에 처박혀 있었다. 훗날 그 여인의 후손들이 자기 집안에 일단 열녀가 있었으니 나중의 훼절은 그렇다 치더라도 열녀비까지 세울 정도로 인정받던 분이라면 그 사실 자체는 남겨야 하는 가문의 영광이라고 해서 다시 제자리에 세워놓게 되었다는 것이다. 사랑하고 의지하던 하늘 같은 남편이었지만 옆을 떠나고 난 후 홀로 세상을 살아가기가 힘들어 새로운 반려가 필요한 사람에게까지 꼭 홀로 남아 옛 생각만 가지고 살아가라는 강요는 순리를 거스르는 일이다. 그렇다는 것을 너무도 잘 안 선인들은 열녀비라는 당근과 훼절했을 때 엄청난 불명예와 불이익이라는 채찍으로 여인들을 붙잡아 두려했던 것이다. 반려가 죽어도 홀로 세상을 살아가야 한다면 남자도 그래야 하는 것이지 왜 여인에게만 그 일을 강요했느냔 말이다. 새로운 짝을 찾고 안 찾는 것은 그 당사자 개인의 선택에 따를 뿐이다. 그 자신의 몫이지 세상이 나서서 정절이니 훼절이니 하고 떠들 일이 아니라는 것이다.

우매하기로 들면 그 옛사람들 못지않게 더 우매한 사람이 바로 나다. 어머니가 19년을 생사를 모르는 아버지를 그리며 북쪽 하늘만 바라보고 지내도 지극히 당연한 일로 알고 살았지 조금도 이상하게 여기지 않았다. 어머니의 피가 차가워서 별 일 없이 살다 가셨는지 어쩐지는 알 수 없지만 딸 하나 있는 것이 맹추도 보통을 넘는 맹추가 아닐 수 없다. 혼인해서 아이를 낳고 살면서야 어머니가 여인으로 힘겹게 살았겠다는 생각을 할 수 있었으니 말이다. 아버지보다 더 나은 사람은 이 세상에 없어서 자기는 죽어도 또 아버지하고 혼인하겠노라는 분이셨으니 다른 할 말은 없으나 그 깊은 애환이야 내가 어찌 안다 하랴.

아무튼 열녀비를 보면 자꾸 화가 난다. 여인들의 가슴에 박힌 한이 튀어나와 서 있는 것 같기도 하고 여인을 학대하던 남정네들의 몽둥이 같기도 해서 기분이 나쁘다. 그 돌들의 주인공, 숭고한 여인들에게는 미안 하지만 어쩔 수가 없다. 이름을 쪼아 먹힌 작은 돌에 갑자기 박수를 보내고 싶어진다. 이름이 정에 맞아 돌가루 되어 부서져 흩어지는 그 순간에 그에게 주어졌을 자유, 생각만 해도 신나고 깃털처럼 가벼워지는 마음이 창공을 훨훨 날고 있다. 아 고귀한 이름 열녀가 아니라 자유 그것이다. 그 뒤에 순리가 꼬리를 흔들며 연이 되어 날아오른다. 그래 열녀가 아니라 자신을 존중하는 자연 그대로의 한 여인이 거기 서 있을 뿐이다. 쪼여나간 이름 자욱이 장미꽃 되어 웃고 있다.

그는 명예 대신 자유를 택했다. 목숨보다 귀한 자유를.

(2012. 4.)

거부할 힘이 있다면

순종이 제사보다 낫다는 하나님의 명령을 수없이 읽고 듣고 배웠으면서도 막상 그런 일이 앞에 닥치면 그것을 실천하기는 매우 어렵다. 기도의 응답을 원하면서도 하나님께서 성실하게 주시는 응답을 그분의 의도대로 해석하기란 더욱더 어려운 일이다. 능력이 모자라서도 그렇겠지만 그보다는 자신의 목적과 욕심에 가리워져서 제대로 읽어낼 수 없는 것이다.

당뇨는 있었지만 잘 관리해가며 별 탈 없이 지내던, 비교적 건강하던 남편이 설사로 약 나흘쯤 고생을 하는 동안 마침 당뇨약이 떨어지자 죽 정도를 먹는데 어떠랴 싶어 투약을 않고 있었던 모양이다. 사무실에 바삐 나가느라 죽만 끓여놓고 나가면서 설사가 그치겠지 하고 방심했더니 곧장 덜미를 쳤다. 지방 출장에서 돌아오는 길 전철 안에서 응급실로 실려 갔다는 남편의 소식을 울먹이는 딸의 음성으로 전해들은 것이다. 달려가 보니 당 수치가 엄청나게 올라가서 큰일 날 뻔했다는 의사의 설명에 고개를 들 수 없었다. 그제서야 4일 동안이나 방치된 남편의 혈당관리부재를 알게 되었고 세심하게 챙겨 주지 못한 죄책감에 괴로웠다. 그런데 그것이 문제가 아니라 간이 많이 굳었다며 의사가 심각한 어조로 말하면서 말끝을 흐렸다. 어떻게 되는 거냐고 물으니까 좀 늦었지만 잘 치료하면 조심하면서 사실 수 있을 정도까지는 치료해 봐야지 않겠느냐고 한다. 산다는 말로 귀에 들어오며 기운 없이 살면 어떠랴 어차피 늙었고 걷기도 싫어하는 사람이니까 살살 다니면서 살면 되지 뭐 하면서 마음이 놓였다. 우선 당을 안정시키고 퇴원을 시켜 주기에 가슴을 쓸어내리며 또 일상으로 돌아갔다. 그러던 것이 2010년 10월 7일부터 15일 사이의 일이었다.

퇴원 이틀 후쯤에 발이 붓기 시작했다. 콩팥이 나빠야 붓는데 싶어 예감이 좋지 않았지만 무심한 척하면서 병원에 다녀오기를 권했다. 여전히 크게 걱정하지 않으면서 나는 사무실 일에 전념했다. 아침 일찍 나가고 저녁 늦게 돌아와 보면 여전히 기운만 없어 할 뿐 별다른 이상은 없어 보였다. 병원에서 처방해 준 약을 먹으니까 부기는 빠졌는데 배가 자꾸 불러오며 가스가 차서 불편하다고 했다. 내 딴에는 발맛사지의 효과도 있어 부기가 쉽게 빠진 것 같다고 마음속으로 면죄부를 삼으며 가스 정도야 곧 빠지겠거니 하고 큰 걱정을 하지 않은 채 10월

30일에 치를 5천 명 규모의 전국여성대회 돕는 일에만 전념하고 다녔다. 어른이니까 병원에 혼자 다니는 것은 당연하다고 생각하고 자기가 여전히 운전하고 다니니 안심할 수밖에 없었다.

11월 9일 빠지지 않는 가스를 해결하고자 약 정도를 받으려 생각하고 직접 운전하고 병원에 간 남편은 그 길로 입원하고 내가 달려갔을 때는 배에 호스를 박고 가스 아닌 복수를 뽑고 있었다. 어려서부터 들어온 말은 "복수가 차면 그 사람은 이제 죽는다."였다. 아니 중환자들에게서나 생기는 일이 멀쩡한 내 남편에게 생기다니 이게 무슨 천부당만부당한 일이란 말인가? 이건 무언가 잘못되어도 한참 잘못된 일이 아닐 수 없다. 어찌 된 영문이냐고 물으니 간이 워낙 굳어서 일어난 일이라는 것이 의사의 답변이다. 어떻게 퇴원을—이라며 말끝을 흐리는 내게 돌아온 말은 이렇게 빨리 나빠질지는 몰랐다는 말이었다. 간은 이제 다시 부드러워질 수는 없고 조금, 아주 조금이라도 부드러워지면 그것으로 근근이 살고, 방법은 이식밖에 딴 뾰족한 수가 없다는 것이 의학적 설명이었다.

이식이라는 방법이라도 있고 가능하다니 반갑기 그지 없었다. 내가 주면 되겠네, 이제 70이 내일 모렌데 간 좀 떼어주고 같이 살다가 그것이 빌미가 되어 내가 죽은들 뭐 대수랴 싶었다. 내가 무슨 열녀여서가 아니라 이제 산들 무슨 큰 영화를 볼 게 있겠다고 간 한 조각 뗀다고 아까울 이유가 없었다. 교만

일지 모르나 비교적 건강한 편이라고 믿고 사는 편이니 수술이야 감당할 수 있을 것 같았다. 저녁에 설명을 들은 아들이 엄마는 혈액형이 달라서 안 되고 제가 떼어드리면 된다고 했다. 그것은 네 아버지나 나나 가장 반대하는 일이니 안 된다고 일축했다. 평소에 우리 내외는 자식의 효성스러운 장기이식 기사를 접하면 언제나 이것은 반대라고 목청을 높이곤 했다. 젊은 사람이 건강하게 살아야 된다는 것이 반대 이유였다.

하나님 살려주세요. 기적을 우리에게 일어나게 허락해 주세요. 가엾은 남편을 불쌍히 보시고 살려주세요. 하나님이 하시려면 그까짓 간 이식 안 해도 살려주실 수 있잖아요 기운 없이 살아도 좋아요 그냥 살살 다니며 살게만 해주세요. 얼마를 허락하셔도 좋으니 이대로 죽는 일만 없게 해 주세요. 한순간도 기도줄을 놓지 않으려고 안간힘을 쓰며 염치없이 매달렸다. 남편은 자기가 나아서 성전에 올라 간증하겠다며 밝게 웃었다. 그 역시 죽음은 자기와는 아무 상관이 없는 남의 일이었다. 우리 내외는 아주 태평스럽게 치료를 받고 입원생활을 계속했다. 나아지는 기미가 안 보여도 천천히 낫겠지 뭐, 하면서 아주 평화롭게 시간을 보내고 있었다. 그런데 날이 갈수록 상태는 심각해지기 시작했다.

기적을 일으켜 주시라는 기도를 계속하면서도 꼭 살려 주실 것이라는 확신에 차서 별로 괴롭지 않았다. 그러는 중에도 만약 기적을 베풀지 않으셔도 그일로 제가 시험에 들지 않게 붙들어 주시라는 기도를 꼭 함께 하고 있는 자신을 발견하면서 한편 대견하고 한편 육감이 좋지 않았다. 11월 14일 큰 병원으로 옮기라는 주치의사의 말을 듣고 밤에 세브란스 응급실로 옮겨갔는데 그것이 남편의 마지막 바깥나들이가 될 줄은 미처 몰랐다. 혈액투석으로 콩팥기능을 돕는 일이 시작되고 조금 안정이 되었는지 퇴원 후에는 동네 투석 병원을 소개시켜 주겠다는 의사의 설명에 이어 영양사의 음식 조절과 요리법 등에 대한 설명이 이어지기에 다 나은 줄 알고 눈물의 감사기도를 드렸다. 이제부터 본격적으로 간 치료에 들어간다 하더니 일이 점점 더 심각해지기 시작했다. 놀라는 내게 의사는 설명했다. 간과 콩팥이 한꺼번에 나빠져서 매우 힘든 상태라고, 가능성은 50대 50이라고. 생명을 살리는 일인데 단 1%의 가능성만 있어도 해봐야 하는 건데 50%의 가능성을 외면한다는 것은 말도 아닌 일이었다. 하실 수 있는 모든 방법을 다 해 주세요. 그리고 기도했다. 하나님 살려주세요. 기적을 베풀어주세요. 새벽꿈에 남편의 휠체어를 미는 내 모습을 보여 주셨다. 응답을 주셔서 감사합니다. 휠체어를 미는 정도로는 살려 주시겠다는 뜻으로 받아들여져서 얼마나 기쁨의 눈물을 흘리면서 감사기도 드렸는지 모른다. 이내 딸은 거대한 쌍무지개가 아버지 뒤로 쫙 뻗어 올라오는 꿈을 꿨다고 해서 모두 환호하며 감사기도를 드렸다. 그런데 이상하게도 남편을 성전 강단에 올려 세워서 간증하는 모습을 떠올려 보려고 아무리 기도해도 그 모습이 확연하게 잡히지 않는 것이다. 얼굴 부분이 아무리 해도 흐리기만 해서 속을 태웠다.

호전되지 않는다고 하는데 우리 보기에 상태는 좋아지는 것 같았다. 치료하기 위해 다른 기능을 보강시킨 것이 주효해서 좋아지는 것인데 간은 얼른 좋아지지 않고 있으니 이제 힘을 좀 길렀으니 간 투석을 해보고 싶다는 수치의사의 설명이다. 알부민을 쏟아 붓는다고 생각하면 된다는 이 치료는 마치 펌프에 붓는 마중물을 받아 채서 펌프물이 올라오듯이 부어지는 알부민의 세례 속에서 간이 기회를 붙들면 기능을 좀 살리는 단초가 될 수 있다는 그런 일이었다. 의료에 문외한인 가족에게 그렇게라도 자세히 설명해주는 의료진에게 감사하면서 흔쾌히 동의했다.

누운 자세에서 눈을 감고 양팔을 위로 올려보라고 하더니 팔이 떨리는 남편에게 손을 내리라 하더니 의사가 고개를 살짝 저었다. 아까 우리에게 설명하기를 흔들리면 뇌에 이상 기운이 생기기 시작하는 것이라고 했다. 나는 얼른 이 양반이 원래 수전증이 있다고 항변하며 그 상태가 아닐 거라고 강하게 부인했다. 의료진은 처연한 표정으로 나를 바라보고는 다시 한 번 남편의 손을 들게 하고 더 많이 떨리는 그의 팔을 확인시켜 주었다. 의사는 우리 가족 모두를 밖으로 불러냈고 상황을 설명하며 간 투석밖에 남은 방법이 없다고 설명했다. 방에 돌아온 우리를 쳐다보는 남편의 그 눈빛은 내가 죽을 때까지 내

망막을 사로잡고 있을 것이다. 그 야릇하고 복합적인 표정을 내 둔필로는 도저히 표현해낼 재주가 없다. 고개를 살짝 가로저으면서 "이제 틀린 것 같아, 나는 괜찮아." 하면서 애써 무심한척 하려는 남편이 가엾고 싫어서 무슨 말을 하려는 남편을 가로막으며 당신 잘 나아가고 있고 산다는데 웬 딴 소리 하려 하느냐며 기도하면서 그렇게 의심하면 그것도 죄라고 몰아세우고 애들에게 어서 돌아가라고 했다. 아이들이 억지로 돌아가고 우리 두 내외만 남았는데 그 분위기가 갑자기 차분하고 평화롭게 가라앉는데 소름이 끼치도록 신령스러워지고 있었다. 나는 감당하기 힘든 그 분위기를 자꾸 깨고 싶어서 남편에게 쓸데없이 허풍스러워지고 있었다.

"나는 이제…." 하면서 말끝을 흐리는 남편은 울먹이고 있었다. 그것이 싫어서 왜 그러느냐고 몰아세우며 무슨 말이 하고 싶은 거냐, 말해보라고 했다. 손자손녀가 보고 싶다고 했다. 어제 왔다 갔는데 뭘 벌써 또 보고 싶으냐, 병원에 아이들 자꾸 오는 것 안 좋다, 해가며 아이 다루듯 구슬렀다. 남편은 나를 쳐다보며 손을 꼭 잡더니 "당신은 아이들 하고 자알 살아." 하는 것이 아닌가? 나는 그 분위기가 자꾸 처연해지는 것이 싫고 남편이 가엾어서 어서 벗어나고 싶었다. "당신 웃겨, 살아난다는데 왜 나만 아이들 하고 잘 살아?" 했더니 "나는 틀렸어, 당신은 건강하게 오래 살아." 하는 것이다. 내가 당신 없이 무슨 재미로 오래 살겠냐. 만약 당신 가면 나도 빨리 데려가라. 그나

저나 산다는데 웬 쓸데없는 소리냐, 어서 잠이나 자라고 손사래를 치며 너스레를 떨었다. 그러는 내게 남편은 미안하다는 말을 남기고 잠잠해졌다. 그날 밤 나를 깨우더니 그 여자가 누구냐고 물었다. 갑자기 어떤 여자를 찾느냐니까 그 왜 너무 아파서 자살한 여자 이름이 누구냐고 묻는다. 아니 그 여자 물으려고 자는 사람 깨웠냐고 볼멘소리를 했더니 너무 아파서 그 여자가 이해가 되는데 이름이 생각 안 나서 물었다는 것이다. 우리 둘이서 그의 자살에 대해서 성토했던 것이 생각나며 이렇게 아프니까 그럴 수도 있었겠다는 생각이 든다는 설명이다. 나는 남편 손을 꼭 잡고 진심으로 사과했다. "미안해, 여보 그렇게 당신은 아픈데 나는 이렇게 자고 있어서 정말 미안해." 진심으로 미안했다. 잠이 원수였다. 부부일신이라고 하면서 한 사람은 죽음을 택한 한 여인을 이해할 정도로 고통을 받고 있는데 반쪽이라는 아내는 세상모르게 잠에 빠져 있었다니 정말 미안했다. 그래 인간처럼 고독한 존재가 또 있을까? 철저히 홀로일 수밖에 없는 존재이다. 남편과 내가 진한 이별의 시간을 가진 이날 밤이 2010년 11월 24일이었다. 그 밤이 남편과 대화 할 수 있는 마지막 밤이 될 줄 알았더라면 무슨 말이라도 더 하도록, 아니 억지로라도 밤새껏 이야기를 시킬 것을, 미련하기 그지없는 아낙은 하나님께서 예비해 주셨을지도 모를 그 밤을 아깝게도 허송해 버리고 지금 이렇게 안타까이 그리움과 아쉬움에 몸을 떨고 있다.

간 투석은 남편의 간이 호기를 붙잡는 행운과 연결되지 못한 채 기관삽도 방법으로 인공호흡에 의지한 채 중환자실 입성 3주 만에 남편은 아버지 품에 안겼다. 2010년 12월 15일 오후 8시 20분이다. 마지막 몸짓을 할 거라고 신 집사님이 가르쳐준 그 순간이 이때였다. 의료진이 와서 확인한 시간이 기록상 그의 소천 시간이지만 내 망막에서 그가 이승의 인연을 끝낸 순간은 그때이다. 그 순간이 언제인들 무슨 소용이 있으랴 그는 그렇게 영영 돌아올 수 없는 길을 떠나갔다. 전도사인 조카가 찬송가 CD를 가지고 와서 2시간쯤 찬송가를 계속 함께 부르는, 은혜로운 환송을 받으며 그는 떠났다. 그의 하늘 입성을 화려하게 해주려는 듯 때맞추어 찾아 준 조카딸의 발걸음도 예삿일은 아닌 것 같았다.

약 50일이 채 못 되는 짧다면 짧은 기간의 투병을 통해 남편은 평생 다 못한 기도를 하나님께 성심을 다해 바치고 갔다. 우리 가족 모두에게도 그 복을 허락하셨다. 그리고 기적은 때때로 일어났다. 도저히 기대되지 않는 치료의 부분적 진전으로 현대의학이 할 수 있는 치료는 다 받아 보고 떠날 수 있었던 것이 제일 큰 기적이고, 때때로 이루어 주시라고 드리는 기도는 다 응답해 주시고 기적이 무엇인가를 깨닫게 해 주신 은혜에 감사한다.

내가 부르짖을 때 항상 거기 계셨고 분초를 나누어가며 변하는 마음, 생과사의 갈림길을 오가는 갈급한 마음을 기도로 묶이어 올려 드림으로 실족하지 않게 하는 은혜도 허락해 주셨다. 소천하기 며칠 전에는 남편의 침상 머리에 앉은 웬 허름한 사내가 "너는 간이 없어서 안되야."라고 중얼거리는 꿈을 꾸게 하셔서 남편의 하늘 입성을 예비하게 하신 은혜도 받았다. 그런데 그 모든 응답들이 이제 생각하면 그런 뜻이었는데 그 당시에는 모두 다 살아날 수 있다는 일념에 가리워져서 아전인수격으로만 해석이 되어 하나님의 바른 음성을 헤아려 듣지 못했다는 점이다. 이제야 제대로 들리고 보이기 시작했다고나 할까? 아마도 거부할 능력만 있다면 내 뜻대로 돼 주지 않는 기도의 응답을 거부했을 것이다. 그러나 우리에게는 그럴 힘이 없지 않은가?

남편이 하나님께 드릴 성전에서의 간증을 실현할 수 없어 이렇게 대신 지면으로 간증을 쓰고 있다. 비록 살아나지 못했지만 하나님과의 깊은 대화를 할 수 있었던 은혜를 혼자 간직하고 있는 것도 죄가 될 것 같아 이렇게 용기를 내 보았다. 하늘에 소망을 두고 사는 우리에게 그 소망을 끝까지 잃지 않고 붙들 수 있었던 이완호 집사와 오경자 권사는 감히 하나님께 여쭈어 보고 싶다. 우리가 정녕 하나님 보시기에 악하게 하지 않고 하늘 입성을 잘 준비 다고 자부해도 되는 것이냐고….

50일 동안 온 교회가 기도해 주신 은혜에 이렇게라도 감사의 인사를 드리고 싶다. 하나님 아버지 정말 감사합니다. 모든 영광을 홀로 받으시고 제 남편 이완호 집사 잘 부탁드립니다. 아멘.

(2011. 3.)

이제 누구와 먹으랴

노각이 잘생겼다. 먹음직해 보이는 잘 익은 것으로 두 개를 골랐다. 값을 치르고 채소 가게 문을 나서면서야 그것을 반겨 줄 사람이 없어졌음이 떠오른다.

새콤달콤 무쳐낸 노각나물을 상에 올리면 아아 맛있다는 탄성과 함께 밥 한 그릇을 뚝딱 비우던 남편이 이 세상에 없는 것이다. 이럴 줄 알았더라면 작년 여름에 원없이 무쳐 줄 것을 유난히 바빠서 노각나물도 자주 해주지 못했던 것 같아 미안하다.

이제 누구와 저 나물을 무쳐 먹으랴. 먹은들 그저 오이 맛뿐이겠지. 냉장고를 지키다 버리게 되지 않으려면 아이들이라도 빨리 와야 할 텐데….

(2011. 8. 8.)

왜 그때는 못했을까?

60년대 노래가 처량하게 가슴을 파고들더니 70년대의 조금은 경쾌한 노래로 이어지는 가요무대에 붙잡혀 앉은 것이 아마도 반 시간은 넘은 듯하다. 한술 더 떠서 노래도 따라 부르며 그 속에 빠져 가는 자신을 발견하면서 고개를 갸웃거린다. 이 재미있는 프로를 왜 그렇게 외면하고 사생결단을 하듯이 채널 싸움을 벌였더란 말인가? 그렇게도 좋아하던 것을, 같이 앉아 보면서 지금처럼 노래도 따라 부르고 마주 보고 웃으며 손도 맞잡고 정답게 시간을 보냈으면 얼마나 좋았을 텐데 그 좋은 때 왜 그렇게도 미련을 떨고 마루에 따로 나가서까지 원하는 다른 프로를 보느라 홀로 남겨두었는지 후회막급이다. 이제 아무리 보고 싶어서 몸살을 해도 그는 다시 볼 수 없다. 그것 보라는 듯 거울 앞에서 빙긋이 웃고 서 있을 뿐이다.

사람의 한평생이 길다면 길고 짧다면 짧은 것이지만 지나고 보니 훌쩍 지나가 버린 느낌이다. 아무리 수명이 길어졌다고 해도 "인생칠십고래희人生七十古來稀"는 아직도 유효하다고 생각하면 위로가 될 수도 있겠지만 아무리 생각해도 너무 일찍 떠나갔다는 생각을 떨쳐 버리기는 그리 쉽지가 않다. 있을 때는 왜 그렇게 자꾸 부르냐고 귀찮아했는데 어째서 이다지도 보고 싶은지 알다가도 모를 일이다. 냉장고에 다 해 놓은 반찬 그것도 좀 못 꺼내 먹느냐, 내가 당신 밥해 주려고 세상에 태어난 줄 아느냐?, 남들은 밥도 잘 지어서 마누라에게 주기도 한다던데 그렇게는 못 하나마 가스 불에 냄비를 얹어서 끓이기만 하면 되는데 왜 못 차려 먹고 나를 들어오라고 전화를 거느냐? 내가 놀고 앉아 있는 줄 아느냐? 이런 대화가 아마 우리 부부 대화의 절반은 아니었을지, 남들은 100살도 사는데 겨우 72해도 못 채우고 떠날 사람을 좀 잘해 줄 걸, 이런 회한이 밀려오기 시작하면 한없이 깊은 수렁 속으로 몸이 빨려들어가는 기분이다.

방문을 열고 환하게 웃으며 들어선다. 반사적으로 일어나 옷을 받아주고 이불 옆 자락을 걷어주며 따뜻한 이불 속으로 파고든다. 발가락이 노곤하게 녹고 눈이 게슴츠레하게 풀리기 시작한다. "나 혼자만이 그대를 사랑하여/ 영원히 영원히 행복하게 살고 싶소/" 남편의 애창곡 18번이 귓가를 스치는 순간 정신이 들어 눈을 번쩍 뜨니 눈앞에 사진만 웃고 있다. 애꿎은

베게만 끌어안고 "미안해, 잘못했어 당신 그렇게 아픈데 나는 잠만 자서 미안해." 너무 아파서 자살한 어느 여자가 생각난다던 남편의 얼굴이 떠오르며 얼굴은 흠씬 젖고 있다. 이렇게 보고 싶은데, 나이 70이 다 되고 40년도 넘게 살고서도 이렇게 억울하고 분하고 보고 싶은데, 서른여덟에 아버지를 뺏긴 어머니의 핏빛 그리움을 전혀 짐작도 못 했던 미련함이 한없이 후회스럽다. 어머니에게 그런 마음조차 갖지 못했던 것에 대한 미안함이 가슴 가득 밀고 올라왔다. 아이들 걱정은 고사하고 다 자라서 그 애들이 내 걱정을 하게 됐는데 아무 책임도 없고 나 살 일밖에는 없는데 이렇게도 그리움에 떨고 있는지 때로는 치사하다고 자신을 몰아세우며 마음을 다잡아 보려고 무진 애를 쓰건만 항상 이 꼴이다.

물론 엄마는 아버지의 생사를 몰랐으니까 그렇기도 했겠지만, 아버지가 한 번만 살아와서 잘 자란 당신 딸을 함께 쳐다보고 갔으면 좋겠다는 푸념을 주문처럼 입에 달고 살았다. 그때마다 듣기 싫다는 말로 어머니의 넋두리를 잠재워서 어머니가 설움의 수렁으로 빠지면서 벌이는 슬픈 잔치를 일찍 차단하려 애썼다. 그러는 어머니가 가여웠지만 때로는 칭찬으로 들려 어깨가 으쓱하기도 했고 어떤 때는 반대로 또 저 소리 하면서 짜증이 밀고 올라오기도 했다. 남편이 없어졌다는 것이 이토록 자존심이 상하는 일인 줄을 예전엔 정말 상상도 하지 못했다. 석 달 전 남편이 생과사의 기로에서 싸우고 있을 때 세브란스 병원의 단풍은 왜 그리도 고와서 사람을 미치게 하는지, 늙은 나이에도 만약에 떠나보내게 될지도 모를 남편에 대한 생각이 이토록 애틋하고 도저히 떠나보낼 수 없는데 38세 젊은 여인이 전쟁 중에 남편을 인민군 손에 끌려 보내고 영이별을 당했으니 아홉 살 계집아이 하나 데리고 어떻게 그 무서운 난리를 치르고 홀로 피난길을 떠나 딸을 대학 공부까지 시켜 줄 수 있었더란 말인가? 그런 것을 그 전에는 얼마나 어렵고 고마운 일이었나를 왜 심각하게 생각도 못해 보고, 더구나 남편 없이 사는 일이, 아니 그 세월이 얼마나 아팠으리라는 생각을 여인의 가슴으로 단 한 번도 미루어 짐작조차 해 드려보지 못했는지 그 미련함에 가슴을 치며 반성문을 쓰고 또 쓰면서 헤매고 다녔다. 피를 토할 듯 붉게 물든 단풍이 그때처럼 처연하고 원망스럽게까지 느껴졌던 것도 평생 처음이었던 것 같다. 여인으로서의 아픔과 고통을 단 한 번도 연결 지어 엄마를 생각해 본 적이 없었던 이 바보 같은 딸을 용서해 주시라는 반성문을 입으로 쓰면서 그동안 혼자 됐던 여러 친구들 얼굴이 떠오르며 그 세월을, 꽃다운 젊은 날을 어떻게 보냈느냐며 몰라줘서 미안하다는 말을 주문처럼 주절대고 돌아다녔다. 그러는 모양새를 누가 지켜보았으면 참으로 가관이었을 것이다. 멀쩡하던 사람이 당 조절이 좀 안 되어 병원에 갔다가 그 정도 문제가 아니라 간이 굳었다는 청천벽력의 선언을 들은 지 45일 남짓한 단기간에 하늘 문을 열고 들어가 버렸으니 그간의 이야기야말로 다 할 수가 없다. 분초를 다투는 생과 사의 갈림길에 선 사투는 45일을 45년이나 산 것 같은 착각 속에 빠지게 했다. 갑자기 당한 상실은 마치 아이가 애지중지하던 장난감을 믿었던 부모 손에 빼앗긴 것과 같을 것이라고나 하면 설명이 되려나? 아무튼 그 야릇한 배신감과 도무지 잊히지 않는 그리움은 어떻게 주체할 수가 없다.

다 그런 거지 뭐/ 뭐 그런 거야/ 그러길래 미안 미안해/ 「가요무대」의 끝 곡이다. 그래 다 그런 거지 뭐, 인생이 다 그런 거지 뭐, 여보 당신 마음 헤아리지 못하고 역사극만 보느라고 「가요무대」를 함께 즐기지 못한 것도 미안해, 모두 다 미안해. 당신 가고 나니까 다 내 잘못뿐이었어. 온통 다 세상이 내 잘못뿐이었던 거야 미안 미안해. 그때는 왜 몰랐냐고? 그러게나 말이야. 여보 보고 싶어.

(2011. 3.)

당신 정말 보고 싶네요

여보!

오늘이 무슨 날인지 아시기나 해요? 알고 있다고요, 한근이가 졸업생 대표로 답사를 한다는 것까지 다 알고 계신다구요. 아니 지금 듣고 보고 너무 기특해서 칭찬의 박수를 힘껏 치고 있는 중이라고요? 그래요 우리 손자 정말 잘했어요. 침착하고 또박또박 자신감 있는 태도가 좌중을 제압했어요, 훌륭한 지도력을 가진 것 같네요, 당신이 보았으면 얼마나 좋아했을까 싶은 생각에 코허리가 시큰해지더니 눈물샘을 제어할 제동장치는 아예 실종되어 버리고 주책없이 솟아나는 더운 물줄기에 눈이 벌겋도록 손수건만 애꿎게 적셔버렸지요.

지 아이가 제 어미 태중에 있을 때 당신은 며느리를 태우면 그렇게도 조심스럽고 부드럽게 운전을 해서 내가 비단결 운전이라고 놀림 반 칭찬 반의 찬사를 보낼 때가 엊그제 같은데 어느새 아이는 중학생이 되었고 당신은 내 곁을 떠나 하나님과 동행하고 계십니다 그려. 그때만 해도 건강해서 입덧할 동안 출퇴근을 많이 시켜주셨지요.

얼마나 당신이 보고 싶은지 당신은 모를 겁니다. 당신을 얼마나 사랑하고 있었는지 나도 잘 몰랐듯이 말이에요. 지난 가을 글벗들과의 여행길에서 「당신은 모르실 거야」라는 패티김의 노래를 신청했다가 당신은 모르실 거까지 부르고 울컥 울음이 밀고 올라와서 마이크를 꺼 버렸답니다. 맨 앞자리에 앉아서 부르던 터라 좌중이 눈치채지 못해서 망신은 면했습니다만 어쩌면 그렇게 가슴이 미어지는지 얼마나 사랑했는지를 이어 부를 수가 없었습니다. 보내고서야 내 삶 자체가 당신에 대한 사랑이었음을 깨달았습니다. 그 숱한 역경을 이겨낼 수 있었던 것이 바로 사랑의 힘이었음을 그제서야 알았습니다. 사랑하는 부부 사이에는 동등이고 평등이고가 아무 소용이 없다는 것을 이제야 알았답니다.

잠시만 못 보아도 못 견디게 보고 싶어 안달이 나는 그런 것이 사랑인 줄 알았습니다. 한 번도 떨어져서 지낸 적이 없는 우리였기에 그런 감정을 느껴 볼 사이가 없었던 것을, 우리는 부부니까 그저 서로 걱정해가며 사는 그런 사이인 줄만 알고 살아왔어요. 그것이 바로 소중한 사랑인 것을 모르고 말입니다. 당신이 옆에 없다는 사실이 이렇게 견디기 힘든 고통인 것을, 당신의 존재 자체가 삶의 의미 바로 그것인 것을 왜 일찍 몰랐을까요? 아마도 나는 바보 중에서도 상 바보인 듯합니다. 그저 항상 그렇게 있을 줄만 알았어요. 별로 생각해 보지도 않았지만요. 세상만사가 끝이 있고 때가 있다는 것을 어찌 그리 생각조차 하지 못했을까요? 그렇게 속절없이 사라지는 것인 줄 알았더라면 귀찮다 하지 말고 좀 더 살해 드릴 걸 그랬어요. 손이 없냐고 해가면서 냉장고에서 꺼내 먹으면 되지 왜 일찍 들어와 밥 차려 달래느냐는 투정도 하지 말 것을 후회막급일 때는 그야말로 때는 이미 늦었더군요, 오금 박는 말도 하지 말 것을, 상처 주는 말도 참을 것을, 이왕 먹는 술 잔소리도 하지 말든지 아니면 아이처럼 강제로 끌고 대학 병원에 가서 그렇게 마셔도 간이 괜찮은지 검사를 해 보던지, 무슨 수를 쓸 일이지 매월 당뇨 때문에 동네 병원에 잘 다니니까 어련히 알아서 하겠나 하고 맡겨두었던 것이 화근이 되었으니 기막히기로 들면 내가 벌써 이 세상 사람이 아니어야 맞는데 속이 없어서 이렇게 멀쩡히 살아 있습니다.

세월이 약이라는 말이 진정 진리인가 봅니다. 땅속으로 꺼져 들어갈 것 같고 살아있을 이유가 없어서 온종일 나 좀 데려가라고 주문 외우듯 하고 지냈는데 그 청승기가 시나브로 엷어졌나 봅니다. 1주기를 지내고 약간 체념이 되는지 어쩌는지 당신 생각이 나도 그토록 서럽지는 않을 정도가 되어 가고 있는 듯합니다. 그래도 남 보기에는 꿋꿋해 보이게 지냈는데 손자의 자랑스러운 모습을 보니 설움의 둑이 무너져 내리고 말았습니다. 애들과 동떨어진 곳에 홀로 서 있었기에 추한 모습을 들키지 않아서 천만다행입니다. 사진을 찍는데 안사돈이 할아버지만 안 계시네 라면서 아쉬운 한마디 말끝을 흐려도 눈물은 참아낼 수 있었습니다. 길에 지나다 노부부를 보면 저 사람들은 다 저렇게 같이 있는데 왜 나만 혼자인가 싶어 심한 박탈감에 분해서 견딜 수 없었는데 이제 부러움을 지나 참 보기 좋다고, 오래도록 아끼고 건강하게 사시라는 덕담이 마음속에서 우러나오는 정도가 되었으니 감사한 일입니다. 그런데 오늘은 당신 정말 보고 싶네요.

한주가 제 성적표를 보라면서 저도 종업식을 했는데 왜 오빠 졸업만 가지고 야단들이냐는 말에 모두 웃었습니다. '잘함'이 두 개라는 말에 공부를 잘 못했나 싶었더니 그 외에는 모두 다 '매우 잘함' 이라는 설명입니다. 공부도 잘하고 깜찍합니다. 당신이 떠나 모두 슬픔에 잠겼을 때 한주가 환자복을 입고 침대에 비스듬히 누운 당신을 그리고 머리 쪽에 '내 영혼 하늘나라 간다.'고 쓰고 연기처럼 하늘로 올라가는 모양을 그려서 얼마나 신통하던지 슬픔 속에서도 대견하고 위로가 되었습니다. 한근에게 졸업 축하 편지를 전해 주고 한주에게도 종업식 축하로 5천 원을 주었습니다. 왜 그렇게 조금 주었냐고요? 당신이 물려주고 간 것이 하도 많으니 그럴 수밖에 더 있습니까?

자, 이제 그만 넋두리를 접어야겠네요, 석쇠에서 갈비가 맛있게 익어가고 있으니까요. 당신 생각 뚝 끊고 목 메이지 않게 잘 먹을게요. 매정한 여편네라고 욕하지 마세요. 이상한 낌새를 보이면 모두들 우울해지지 않겠어요? 나는 아주 능숙한 연기를 다시 시작하렵니다. 아무렇지 않고 여전히 씩씩한 사람으로 말입니다.

여보, 당신이 항상 나와 동행하고 다니니까 난 외롭지 않게 살다 갈게요. 염려하지 말고 편안히 기다리고 계세요. 안녕!

(2012. 2. 손자 한근의 초등학교 졸업식 날 저녁에)

장미꽃 가시 감사

길가의 장미꽃 감사/ 장미꽃 가시 감사/

복음 성가의 한 소절이다. 앞뒤로 있는 여러 가지 감사에 대한 말들은 그저 일상의 감사거리들을 표현한 말이어서 그냥 고개를 끄덕이며 따라 불렀는데 위의 소절에서는 가슴이 콱 막혀오는 듯한 충격을 받았다. 저런 정도의 경지에 가야 찬송가 가사를 지을 수 있겠구나 싶고 어떻게 하면 저런 수준의 신앙심을 가질 수 있을까 정말 부러웠다. 길가에 피어 있는 장미 한 송이에 대해서도 하나님께 감사드릴 수 있는 것까지는 생각해 낼 수 있겠지만 그 가시에 대한 감사는 그저 떠올릴 수 있는 생각이 아니다. 성령의 인도하심이 없이는 어려울 일일 것이고 그 정도의 인도를 받으려면 보통 수준의 사모함을 가지고는 기대하기 어려운 일이 아닌가?

아픔을 겪었을 때 감사할 수 있는 것도 매우 어려운 일이지만 그것도 곰곰 생각해 보면 그 아픔조차도 자신에게 무엇인가 유익이 있거나 그랬을 것이라는 추측이 있을 때 우리는 보통 감사를 드리게 될 뿐만 아니라 그것도 상당한 수준의 믿음이 아니고서는 어림없는 일이다. 넘어져서 골절상을 입고 감사하는 경우라면 대부분 머리를 다치지 않고 이 정도로 그치게 해 주심에 대한 감사이다. 가족을 잃고 드리는 감사는 더 고생하지 않게 해주셔서, 고인을 더 고통받게 하지 않고 데려가셔서 감사하다는 마음에서 나오는 감사이다. 순수하게 내게 주신 고통 자체를 감사하거나 사소한 불편조차도 어떤 조건 없이 순수하게 받아들이고 감사드리기는 쉽지 않은 일이 아닌가 한다. 제 마음을 미루어 남의 마음을 안다는데 아무튼 내 신앙의 수준은 아직 거기까지밖에 이르지 못하고 있다.

세상을 살면서 좋은 사람들을 많이 만나고 도움을 받으며 인덕이 있다는 소리도 듣지만 누구에게나 방해꾼도 있기 마련이다. 사사건건 시비하거나 모함하는 경우도 있고 호사다마라고, 잘되어가는 일을 가로채가는 경우도 있다. 그때는 미치겠다는 소리가 절로 나오고 그 사람을 저주도 하지만 지나고 보면 바로 그 사람 때문에 더 큰 실수를 하지 않고 더 완벽하게 일을 성취해 내는 일이 다반사이다. 그래도 그런 일을 당할 때는 물론이고 지나고 나서도 그 미운 사람에게 감사를 느끼기는 힘들다. 기껏해야 그런 사람을 붙여주셔서 감사합니다 하는 식의 감사가 최상의 수준이다. 특히 나 같은 미련한 신자에게는 정말 그랬다. 그것도 순수한 감사에 그치는 것이 아니라 거봐라 너는 그렇게 나빴지만 나는 이렇게 복 받고 잘해내지 않았느냐는 식의 정죄와 교만이 도사리고 있었다.

얼마 동안이나 이 땅에 남도록 허락하실 것인지는 알 수 없지만 그 세월을 진정 장미꽃의 가시에까지 감사드리며 살 수 있을까? 입술로만 찬양할 것이 아니라 진심으로 마음으로부터 우러나오는 깊이 있는 찬양을 하고 더 나아가 그렇게 실천하려면 얼마나 더 깨어지고 다듬어지는 시련을 겪어야 할까? 바라기는 더 큰 아픔을 겪지 않고 믿음이 자라는 복을 받고 싶다. 거기서 더 나아가 지난 세월 내게 가시 되었던 여러 사람들을 온전히 용서할 수 있는 마음을 허락하시는 성령의 도움을 받고 싶다. 머리에서는 예수님 가르침 따라 용서했노라 하면서도 가슴속의 응어리는 더 단단해지는 이중성에서 탈피하는 변화를 맛보고 싶다.

진정 그 찬양처럼 아픔도 감사하고 일용할 양식에 진정으로 감사하는 삶이 바로 내 것이 되기를 간절히 바란다. 그렇게 되는 것도 안 되는 것도 성령의 도우심이 열쇠이니 성령님과 동행 하고 항상 곁에 계시도록 해야 하는데 그것 역시 기도 이외에는 방법이 없다. 알기는 하면서도 실천이 잘 안 되는 것은 좋은 것인지, 모르는 것 보다 더 나쁜 것인지 잘 모르겠다. 아니, 분명 알기라도 하는 것이 더 괜찮은 편이겠지만 알고도 행하지 않음이 더 질이 나쁠 수도 있다. 이제 남은 여생 동안에는 더 이상 가시를 만나지 않았으면 좋겠다. 그러려면 온전히 그동안의 가시들을 용서하자. 안 되어도 자꾸 용서하자. 그러다 보면 홀연히 증오가 다 사라질지 누가 알랴. 사랑하기에도 짧은 세월을 미워하는 일에까지 나누어 줄 수 없지 않은가? 선한 기도도 내게 돌아오고 악한 바람도 내게 돌아올 것이니 자식들을 위해서라도 용서해야 할 일 아니던가.

길가의 장미꽃 감사
장미꽃 가시 감사
내 가시 또한 감사
가시 용서 더 감사.

(2012. 2.)

함께함이 전부인 걸

노부부가 앞서거니 뒤서거니 서로를 챙겨가며 걸어가는 모습이 보기 좋아 앞지르지 않으려고 천천히 따라간다. 무슨 할 말이 그렇게 많은지 가끔씩 마주보아가며 계속 도란거린다. 고개를 끄덕이기도 하고 가볍게 머리를 젓히며 웃기도 하는 것으로 보아 즐거운 화제인가 보다. 손자의 기막힌 말 한마디가 저들을 감동시키고 있는지도 모른다.

횡단보도 앞에 신호를 기다리고 서 있는데 중년 부부가 짐을 서로 들라며 티격태격하다가 점점 언성이 높아지더니 신호가 떨어지기 무섭게 짐을 그 자리에 놓아둔 채 서둘러 건너가 버린다. 건너가서 서로 또 다투더니 두 사람이 되돌아 길을 건너간다. 그 뒷모습을 보면서 추하다는 생각보다는 슬며시 참 좋은 때라는 부러움이 앞선다. 이 무슨 객쩍은 생각인가 싶어 싱겁게 웃으며 걸음을 옮긴다. 노부부는 행복하고 저 중년부부는 불행할까? 짐 하나 드는 하찮은 일로 티격대는 중년부부가 오히려 행복할 수도 있다. 오순도순 정담을 나누며 길을 함께 걷는 노부부가 속마음에 보이지 않는 문제들을 안고 있을 수도 있고, 어떤 고뇌들까지도 다 감싸 안고 의연하게 함께 인생길을 걸어가고 있는, 진정 행복을 누리는 경지일 수도 있다.

전혀 다른 환경에서 자란 두 남녀가 만나 한평생을 함께 살아간다는 일은 참 대단한 일이다. 성격도 다르고 생활습관이 다르며 생각의 틀 등이 모두 다르다. 가치관이 다르고 각자의 인생관이 다르다. 이런 이질적인 것들을 초기에는 사랑이라는 것으로 다 덮고 녹여서 멋모르고 산다 치더라도 그 꺼풀이 벗겨지고 난 후에는 오로지 생활이라는 현실만이 크게 확대되어 그들의 삶 전체를 덮어버리는 것이 우리네 보통 사람들의 현실이 아닐는지.

부부, 이 두 글자의 진정한 정체는 과연 무엇일까? 아니 나는 어떤 부부로 살았나? 우리가 살아온 내면과 사람들 눈에 비친 외면이 같을까, 다를까? 지금 저들 두 부부의 모양새가 마치 색동 베를 짜듯이 수시로 교차하며 내면과 외면을 부지런히 장식했을 것이다. 속으로는 다투면서 겉으로는 화목한 척하는가 하면 속으로는 행복하면서 겉으로는 부족한 척 남편을 몰아세우고 토닥거렸을 것이다.

생각해 보면 반대로 행동하며 생각했을 때가 더 많은 것 같은데 왜 그랬는지 알 수 없는 일이다. 강산이 네 번이나 바뀌는 짧지 않은 세월 동안 과연 무엇을 붙들고 함께 걸어왔을까? 그 푯대는 무엇이고 붙잡고 온 지푸라기는 어떤 것이었을까? 아이들을 잘 길러서 어엿하게 세상에 드러내 놓아야 하는 것이 목표이고, 내일은 좀 더 나아지리라는 희망이 두 물음에 대한 대답이다. 목표는 흡족하게 이루었는데 더 나아지리라는 지푸라기는 아무리 부피가 많아져도 만족할 줄 모르고 계속 목말라 했다. 부부란 함께 있다는 그 사실만으로 충분히 행복한 것이라는 것을 알게 됐을 때는 안타깝게도 홀로 남은 후였다.

남편이 더 출세하지 못하는 것이 약올랐고, 경제적으로 풍족하게 해주지 못하는 것이 미웠다. 성격이나 습관이 반대인 것이 많지만 별로 불편하지 않고 그런 것들로는 갈등하지 않았다. 그때마다 싸웠지만 그것은 오히려 정을 나누는 일이기도 했던 셈이다. 취미가 같은 것도 많지만 다른 것이 더 많아도 그런 것들은 서로 잘 양보하고 맞춰주는 경우였다. 서로가 딴 여자나 남자를 생각한 것 같지 않으니 깊은 갈등거리나 고민은 없었다.

그런데 막상 그가 떠난 후에야 출세나 경제적 풍요 따위는 아무것도 아니고 부부란 오직 함께 옆에 존재한다는 것. 바로 그것이 부부의 전체 의미임을 절감하고 통탄했다. 그 사실에 대해 감격하고 감사하지 못한 미련함에 대해서 몸을 떨며 후회

했다. 마치 불타버린 집터에서 잿더미를 바라보며 오열하는 형국이다. 하찮은 음식이라도 맛있다고 감격하며 먹어 주던 사람이 없다는 것이 불행임을 알았을 때 다시는 그 행복을 누릴 수 없었다. 나라는 사람이 옆에 있어야 편안해 하는 단 한 사람 그가 남편임을 알았을 때 그는 이미 이 세상에 없었다. 이렇게 애절하게 생각날지 알았으면 열일 제쳐놓고 그가 원하는 것들을 좀 더 챙겨주고 잘해 줄 것을, 아무리 후회한들 아무 소용이 없다. 다시 해보고 싶어도 할 상대가 없다는 것이 이토록 가슴 저미는 일인 것을 왜 그때는 몰랐을까? 야속하기 그지없다.

부부, 그것은 함께 살고 있다는 그 자체가 의미의 전부이다. 그 이상도 이하도 아니다. 그 이외의 것들은 부수적이고, 장식 같은 것이다.

젊은 부부가 유모차를 밀며 다정하게 걸어온다. 웃는 얼굴에 행복이라고 쓰여 있는 것 같다. 그래 큰아이는 남편이 안고 나는 딸아이를 태운 유모차를 밀며 뒷동산으로 저녁 산책을 나갔을 때 누군가가 시기해서 이 순간의 행복을 앗아가면 어떡하나 하는 두려움이 가볍게 머리를 스쳤던 기억을 잊지 못한다. 지금도 선명한 그림으로 남아 있다. 전혀 빛이 바랠 줄을 모르는 한 장의 엽서처럼.

어깨에 손이 얹어진다. 아직도 이렇게 늦게 다니느냐, 피곤하지 않느냐, 몸 생각도 하면서 이제 좀 덜 다녀라, 세상은 당신 없어도 돌아가게 돼 있으니 부르는 대로 다 다니지 말라고 소곤댄다. 노을 비낀 하늘에 어느새 올라갔는지 어깨에 얹혔던 손이 가볍게 흔들린다. 어서 집에 가서 편히 쉬란다. 쓸데없는 생각일랑 다 버리고 가란다. 그래 부부는 이런 것이구나.

노부부는 여전히 천천히 걸어간다. 서로의 걸음에 속도를 맞춰가면서….

(2013. 2. 13.)

이제 영영 편히 가시오

당신 떠난 지 어언 2년이 지나 대상을 치르게 되었습니다.

무심하고 독한 것이 사람인가 봅니다. 당신은 그렇게 속절없이 가 버렸는데 나는 멀쩡히 살아남아 먹고, 자고 웃기까지 하며 잘 살아가고 있으니 말입니다. 의령이가 옆에 있어 큰 힘이 되었지만 아직도 짝을 채워주지 못해서 당신께 미안합니다. 은행에 잘 다니고 제 할 일 잘하고 건강하니 감사할 뿐입니다. 내년에는 짝도 찾았으면 좋겠습니다.

해준이도 제 식구들과 잘 지내고 신문사 잘 다니고 있으니 고맙고, 건강하니 감사한 일입니다. 어미도 잘 있고 한근이는 중학생이 되어 의젓하게 잘 크고 있고 한주도 열 살이 되어 공부 재미도 알고 잘 자라고 있으니 집안이 큰 복을 받은 것 같습니다. 모두 다 당신의 기도 덕입니다. 계속해서 기도해 주세요.

나는 이제 70이 넘어 마음을 다 비우고 나니 홀가분합니다. 전철역에서 집에 오는 길, 그 짧은 거리의 택시 값이라도 걱정 않고 가끔은 부담 없이 타고 다닐 정도의 여유나마 죽을 때까지 가지고 살았으면 좋겠다는 정도가 가끔씩 생기는 욕심입니다. 밀린 원고와 또 앞으로 쓰일 원고들의 책이나 계속 묶어낼 수 있었으면 좋겠다는 것이 좀 큰 욕심이구요.

내년 이날에는 사위와 함께 당신을 만나러 가면 얼마나 좋을까요? 나는 더 팔죽할멈이 되겠지만 아이들은 더 좋아질 테니 내년 오늘을 기쁘게 기다립시다. 사는 날까지 아이들에게 부담이 안 되는 어미로 살다 갈 수만 있다면 더 다른 소원은 접겠습니다. 옛 풍습으로는 이제 오늘로 당신의 혼백이 집을 완전히 떠나는 날이니 모든 근심 걱정 다 내려놓고 편안히 가시구려. 당신의 유언대로 나는 오래오래 아이들과 자알 살다 갈테니까요.

(2012. 12. 15. 당신이 사랑한다던 사람)

▦ 작가 연보

· 1942. 2. 13.(양). 전북 남원시 죽항리에서 출생
· 1948. 9. 1. 서울 교동초등학교 입학
· 1954. 3. 전주초등학교 졸업(6 · 25로 전학)
· 1957. 3. 전주여자중학교 졸업
· 1960. 2. 전주여자고등학교 졸업
· 1964. 2. 고려대학교 법과대학 졸업(법학사)
· 1986. 2. 이화여자대학교 교육대학원 졸업(교육학 석사)
· 2009. 12. 이화여자대학교 경영전문대학원,
이화여성고위경영자과정 수료
· 1965~1970. 경제통신사 기자
· 1970. 4. 18. 이완호와 혼인
· 1972~현. 여성단체활동, 여성운동
· 1972. 7. 21. 장남 이해준 출생
· 1973. 11. 6. 장녀 이의령 출생
· 1981.~85. 한국여성단체협의회 사무처장
· 1974.~88. 백만인 걷기운동 본부 간사(자원봉사)
· 1973.~1980. 대한주부클럽연합회 실무자로 활동
(인구문제 총무 등)
· 1982. 11. 일본외무성 초청 한국여성지도자 일본사찰
총무(1명 초청 20일간 시찰) 등

· 1982.~1992. 소비자보호단체협의회 이사
· 1986.~1999. 공익문제연구원 부원장
· 1993. 사법제도 개혁위원회 위원
금융 분쟁조정위원회 위원
· 1987.~2006. 고려대학교 여성학 강사
(서울여대, 인천전문대학, 용인대학 등 출강)
· 1988.~현. 은평문인협회 회원
· 1989.~1993. 장안전문대학겸임교수
· 1995.~현. 고려대학교 평생교육원 강사(수필창작지도)
· 1989.~현. 한국여성정치문화연구소 이사(창설이사)현)
부회장
· 1999.~현. 21세기 여성정치연합 부회장(창설이사)
· 2005.~현. 한국걸스카우트 연맹 규정심의위원, 육성위원
· 2009.~2013. 한국여성단체협의회 법규위원장 현) 출판공
보위원장
· 2009.~현. 은평향토사학회 연구위원, 현) 고문
· 2010. 12. 15. 남편 사별
· 2013. 현 한국노년 인권 협회 부회장
· 2015- 현 은평문화원 이사
· 2016. 현 국제여성교류협회 교육 프로그램 위원장
· 2016. 현 은평문화재단 이사
· 2019. 현 대한 언론인회 회원

· 현 4월혁명 고대 부회장, 4.18 민주의거 기념사업회 운영위원

♣ 문단경력

· 1947. 5. 신사임당 예능대회 백일장에 수필 「길」로 당선
· 1975. 시문회창립(신사임당 백일장 당선자 모임)
· 1976. 시문회 동인지 『시와 수필』 복간
· 1975~79. 『한국문학』 『수필문학』 등에 작품(수필) 발표
· 1980. 한국여성문학인회 회원. 현) 이사
· 1984. 시문회 회장

· 1991. 3. 월간 『수필문학』에 「역사 속에서」로 추천완료 등단
· 1991. 수필문학추천작가회 창립(발기인), 부회장
· 1992. 기독교 수필문학회 창립(발기인)
· 1993. 한국수필문학회 회원(창립), 수필문학 추천작가회 회장(현 고문)
· 1994. 한국문인협회 회원
· 1998. 국제펜클럽 한국본부 회원
· 1994. 창작수필문인회 회장
· 2000. 한국그리스천문학가협회 회원
· 2003. 한국문인협회 감사

· 2005. 기독교 수필문학회 회장
· 2011. 한국문인협회 이사
· 2016. 한국크리스천문학가협회 회장
· 2016. 은평문인협회 회장
· 2017. 국제펜 한국본부 부이사장
· 2018. 아리수문학회 이사
· 2019. 한국수필문학가협회 회장
· 2019. 재경 남원문인협회 부회장

♣ 작품집(수필집)

· 1993. 『바퀴달린 도시』
· 1996. 『느린 기차를 타고 싶다』
· 2006. 『그 해 여름의 자두』
· 2007. 『아름다운 간격(공저 GS문학상 수상자)』
· 2010. 『천년을 웃고 사는 여인(선집)』
· 2012. 『그렇게는 말 못해』
· 2013. 『토기장이와 질그릇』
· 2014. 『신원 확인』
· 2016. 『밤에 열린 광화문』
· 2016. 『PEN 작가들 함께 세계로(공저 영문 대역집)』
· 2018. 『그 때는 왜』
· 2020. 『아버지의 꿈』

· 2020. 『그리움에 색깔이 있다면(선집)』

♣ 사회활동

· 1988~2017. 민주평화통일 자문회의 위원, 은평구청 위원회 위원 역임(공직자 윤리위원, 새 주소위원, 정보위원, 교통비배분위원 등)

· 2002년. 한나라당 서울시의원 비례대표 입후보

· 2006년. 한나라당 제16대 국회의원 비례대표 입후보
한나라당 중앙여성위원 및 자문위원(현)
한나라당 중앙정치연수원 부원장

♣ 국제회의 및 활동

· 1982. 9. ICW(세계여성단체협의회) 제23차 총회 서울 개최 (당시 주관단체인 여협 사무처장)

· 1983.~1993. IOCU(국제소비자연맹) 총회 및 지역회의참석 (태국, 방콕, 필리핀, 마닐라, 프랑스, 몽벨리에)

· 1991. 대만 총선거 시찰

· 1995. 10. 베이징 제4차 세계여성대회 참석(세미나 등 개최)

· 2012. 10. ICW (세계 여성단체협의회) 제33차 총회 서울 대회 준비위원

· 2013. 9. FAWA (아시아 여성 연합회) 서울 총회 준비위원

· 2019. 9. 국제PEN 총회(필리핀 마닐라) 참석

♣ 수상

♥ 문학상

· 1994. 수필문학상

· 1996. 한국크리스천문학상

· 2003. 창수문인상

· 1999. GS문학상

· 2009. 신사임당문학상

· 2012. 연암 문학상

· 2013. 원종린 수필 문학상

· 2015. 은평 문학상

· 2018. 올해의 수필인상

· 2019. 아리수 문학상

♥ 국가 표창

· 1983. 대통령 표창(사회정화사업공로)

· 2014. 국민 포장(여성지위향상 공로)

현대수필가 100인선 Ⅱ· 78
오경자 수필선

그리움에 색깔이 있다면

초판인쇄 | 2020년 4월 5일
초판발행 | 2020년 4월 10일

지은이 | 오 경 자
펴낸이 | 서 정 환
펴낸곳 | 수필과비평사 · 좋은수필사

주 소 | 서울시 종로구 삼일대로 32길 36.
(익선동 30-6)운현신화타워 305호
전 화 | 02)3675-5635, 063)275-4000
등 록 | 제 300-2013-133호
홈페이지 | http://www.shinapub.com
e-mail | essay321@hanmail.net

값 8,000원

ISBN 979-11-5933-263-0 04810
ISBN 979-11-85796-15-4 (전 100권)

이 도서의 국립중앙도서관 출판시도서목록(CIP)은 서지정보유통지원시스템 홈페이지(http://seoji.nl.go.kr)와 국가자료공동목록시스템(http://www.nl.go.kr/kolisnet)에서 이용하실 수 있습니다.(CIP제어번호: CIP2020013827)